Mehr RESILIENZ in meinem Kita-Alltag

IMPRESSUM

ISBN: 978-3-96046-201-9

Mehr Resilienz in meinem Kita-Alltag
Übungen, Impulse und Tipps für innere Stärke

Klett Kita GmbH
Rotebühlstr. 77
70178 Stuttgart
Internet: www.klett-kita.de

Redaktion	Myriam Bork
Autorin	Alexandra Karr-Meng
Gestaltung und Satz	DOPPELPUNKT, Stuttgart
Druck	Grafik Media Produktionsmanagement, Köln

Kontakt
Telefon: 07 11 / 66 72 58 00
Telefax: 07 11 / 66 72 58 22
kundenservice@klett-kita.de

Gedruckt auf chlorfrei gebleichtem Papier.

Für jedes Material wurden Rechte nachgefragt. Sollten dennoch an einzelnen Materialien weitere Rechte bestehen, bitten wir um Benachrichtigung.

Bibliografische Information der Deutschen Nationalbibliothek. Die Deutsche Nationalbibliothek verzeichnet diese Publikation in der Deutschen Nationalbibliografie. Detaillierte bibliografische Daten sind im Internet über http://dnb.d-nb.de abrufbar.

BILDNACHWEIS

Cover: Gettyimages.de/undrey
Gettyimages.de: S. 24: rambo182 | S. 29: rambo182, DoctorVector | S. 35: decobrush
Monster, Baum: Freepik.de
Rahmen: Freepik.de/rawpixel.com

INHALT

Vorwort:
Gelassen sein – und zwar zack, zack 5

Resilient sein, was bedeutet das? 7
Übung: Was verstehe ich unter Resilienz? 10

Wie werde ich resilient? 11
Übung: Woher kommt meine Resilienz? 12

Negative Glaubenssätze und was man dagegen tun kann 13
Übung: Meine negativen Glaubenssätze 13
Übung: Meine Erlauber 14

Die sieben Säulen der Resilienz 15
Übung: Mein Resilienzbarometer 16

Die erste Resilienzsäule: Optimismus 17
Reflexion: Was ist mein Lebensmotto? 18
Übung: Mein Glücksjournal 19

Die zweite Resilienzsäule: Akzeptanz 21
Reflexion: Gefühle zeigen 23
Übung: Love it, change it, leave it 24
Reflexion: Ich entscheide mich 26

Die dritte Resilienzsäule: Lösungsorientierung 27
Reflexion: Wie reagiere ich in Krisen? 28
Übung: Ein Problem – drei Lösungen 31

Die vierte Resilienzsäule: Opferrolle verlassen **32**
Reflexion: Ich und die Opferrolle? 34
Reflexion: Ich und meine Stärken 35
Übung: Stärken-Feedback 36

Die fünfte Resilienzsäule: Verantwortung **37**
Reflexion: Drücke ich mich? 39
Übung: Ich übernehme Verantwortung 40

Die sechste Resilienzsäule: Netzwerke **41**
Reflexion: Wie sieht mein Netzwerk aus? 43
Übung: Mein Netzwerk bewusst nutzen 44

Die siebte Resilienzsäule: Zukunftsplanung **45**
Reflexion: Was ist mir wichtig? 47
Übung: Mein Lebensweg 48

Zeit, Bilanz zu ziehen **49**
Reflexion: Ihr Resilienzbarometer 51
Übung: Vorher – nachher 52

Was zeichnet resiliente Menschen aus? **53**
Übung: Ressourcen sichtbar machen 55

Notfallprogramm in Krisen **56**
Die Atmung – unsere Kraftquelle 57
Der Körper – unser Stressindikator 59
Der Geist – unsere Schaltzentrale 61

Nachwort:
Gechillt Ihr Ziel erreichen **63**

VORWORT: GELASSEN SEIN – UND ZWAR ZACK, ZACK

> *Auch der weiteste Weg beginnt mit dem ersten Schritt.*
> *(Konfuzius)*

Liebe Leser:innen,

wer sehnt sich nicht danach, in schwierigen Situationen gelassen zu bleiben, im Sturm des Lebens wie der Fels in der Brandung zu stehen und sich von nichts und niemand aus der Ruhe bringen zu lassen.

Ruhig bleiben, besonnen reagieren, sich nicht stressen lassen. Im hektischen Kita-Alltag sind diese Eigenschaften sehr hilfreich, ja geradezu überlebenswichtig. Häufig geht es turbulent zu, vieles ist nicht planbar und die eigenen Bedürfnisse stehen nicht an erster Stelle. Dann ist es hilfreich, wenn wir eine innere Widerstandsfähigkeit besitzen, die uns in schwierigen Situationen unterstützt und stärkt.

Manche Menschen meistern schwierige Situationen scheinbar mit Leichtigkeit und Gelassenheit. Persönliche Angriffe prallen an ihnen ab und selbst unter hohem Druck sind sie extrem leistungsfähig. Sie scheinen alles, was auf sie zukommt, spielend zu meistern.

Was machen diese Menschen anders? Warum haben sie mehr Kraft als andere? Sie haben keine übermenschlichen Fähigkeiten, sie sind resilient. Resilienz ist die mentale und psychische Widerstandskraft, mit der es uns gelingt, Lebenskrisen, Konflikte, Stress und Niederlagen anzunehmen und an ihnen zu wachsen. Resiliente Menschen zeigen eine positive Haltung gegenüber dem Leben und vertrauen ihren eigenen Fähigkeiten. Sie können sich selbst gut einschätzen, achten und schützen sich. Sie erkennen, wenn sie an Grenzen stoßen, und organisieren sich Unterstützung. Souverän manövrieren sie das Schiff durch die meterhohen Wellen, mit einem Lächeln im Gesicht.

Sind solche Bilder Utopie? Nein! Wie einen Muskel können Sie auch Ihre Resilienz trainieren. Damit fangen wir jetzt an: Schritt für Schritt. Durchatmen und los!

Verzweifeln Sie nicht, wenn Ihre Resilienz derzeit noch nicht so stark ausgeprägt ist. Sie können diese stetig ausbauen und verfestigen, denn wir alle tragen die Fähigkeit in uns, mit Rückschlägen und Niederlagen umzugehen. Dieses Arbeitsheft wird Sie dabei unterstützen.

Doch stolpern Sie jetzt bloß nicht über die Alltagsfalle! In meinen Coachings und Trainings erlebe ich immer wieder, dass die Menschen nach einem Workshop Feuer und Flamme sind und nach wenigen Tagen die erste Euphorie verflogen ist – die guten Vorsätze sind verschwunden. Das ist sehr schade, dadurch werden viele Potenziale nicht ausgeschöpft.

Daher habe ich dieses Arbeitsheft für Sie geschrieben. Sie können es nutzen, um sich selbst besser kennenzulernen und in Ihrem Tempo an sich zu arbeiten. Sie finden Input, Praxistipps, Übungen, Reflexionen, Geschichten und jede Menge Beispiele rund um das Thema Resilienz. Nutzen Sie das, was Ihnen gut tut. Setzen Sie sich nicht unter Druck, denn Ihre persönliche Weiterentwicklung soll ja Spaß machen. Stärken Sie Ihre ganz persönliche innere Widerstandsfähigkeit und nehmen Sie wahr, wie Sie täglich stärker und gelassener werden.

Ich wünsche Ihnen viel Erfolg und alles Gute auf Ihrem Weg zur inneren Widerstandsfähigkeit!

Herzliche Grüße
Alexandra Karr-Meng

www.karr-meng-coaching.de

Alexandra Karr-Meng wurde 1974 in Saarbrücken geboren und lebt mit ihrer Familie im saarländischen Neunkirchen. Seit 2004 hat sie ihre Leidenschaft für Menschen zum Beruf gemacht und arbeitet als Systemische Beraterin, Coach und Trainerin. Sie unterstützt Unternehmen und Menschen in den Themenbereichen Resilienz, Change Management, Führung, Teamentwicklung, Kommunikation und Achtsamkeit. Als Autorin veröffentlichte sie die Bücher „Kinder achtsam erziehen" und „Weniger schimpfen, weniger schreien" im Humboldt-Verlag. Darüber hinaus erscheinen regelmäßig Beiträge im Saarländischen Rundfunk und bei Klett Kita.

RESILIENT SEIN, WAS BEDEUTET DAS?

Resilienz ist ein sehr sperriges Wort. Wenn man es noch nie gehört hat, schreckt es einen eher ab, als dass es neugierig macht. Es hört sich an wie etwas Unangenehmes, eine Krankheit, etwas Furchteinflößendes. So etwa wie Pippi Langstrumpfs „Plutimikation" oder wie ein Zahnarztbesuch. Doch so ist es ganz und gar nicht. Resilienz ist eine wundervolle Fähigkeit, von der wir gar nicht genug haben können. So wie der Zaubertrank, in den einst der Gallier Obelix fiel.

Wenn Sie den Begriff nachschlagen, erhalten Sie unterschiedliche Definitionen, die nicht unbedingt ansprechend sind oder smart daherkommen. Doch es geht auch einfacher. Denken Sie an einen Schwamm. Er ist resilient. Sie können ihn zusammendrücken, ins Wasser tauchen, auswringen, an die Wand werfen, auf ihm herumtrampeln. Er verändert seine Form, doch nach kurzer Zeit sieht er wieder aus wie vorher. Egal wie viel Druck Sie ausüben, Sie können ihn kurzfristig klein machen, doch Sie können ihm nicht die Fähigkeit nehmen, seine ursprüngliche Form wieder anzunehmen.

RESILIENT GEBOREN?

Bei uns ist dies ähnlich. Es gibt Menschen, die meistern Krisen scheinbar problemlos, sie halten großen Druck aus und bleiben auch unter den widrigsten Bedingungen gelassen und andere zerbrechen daran.

Menschen, die resilient sind, gehen meist gestärkt aus Krisen hervor. Das heißt nicht, dass es ihnen nicht schlecht geht oder sie nicht auch mal traurig sind. Doch sie wissen sich zu helfen und finden sehr schnell ihre ursprüngliche Form wieder, genau wie der Schwamm. Sie lernen aus Fehlern und machen es beim nächsten Mal besser.

Resilienz — Definition

Resilienz ist die psychische Widerstandskraft, die Fähigkeit, schwierige Lebenssituationen ohne anhaltende Beeinträchtigung zu überstehen. Das englische Wort *resilience* bedeutet Elastizität, Spannkraft, Unverwüstlichkeit. (Oxford English Dictionary)

Beispiel: Stau auf dem Heimweg

Sie kennen das sicher: Feierabend – zwei pädagogische Fachkräfte fahren an einem heißen Sommertag nach Hause. Das Thermometer zeigt 30 Grad, die Kinder waren quengelig, die Eltern waren gestresst, der Arbeitstag war extrem anstrengend. Sie sind verschwitzt, müde, freuen sich auf eine kalte Dusche, ein kühles Getränk und einen gemütlichen Abend auf dem Balkon. Kaum haben sie sich durch den Feierabendverkehr der Innenstadt gequält und die Autobahn erreicht, stehen sie auch schon im Stau. Es geht nicht mehr vorwärts – Stillstand.
Person A regt sich fürchterlich auf. Sie meckert, zetert, dreht immer wieder am Radioknopf, schaut ständig auf ihr Handy, um zu erfahren, was los ist. Nach kurzer Zeit steigt sie aus dem Auto, spricht andere Menschen an, beschwert sich bei diesen lautstark über den Stau und erzählt jedem, wie ärgerlich dies ist. Als es nach einer Stunde immer noch nicht weitergeht, ruft sie zu Hause an, schreit ins Telefon und tritt irgendwann wütend gegen die Leitplanke.
Person B ärgert sich auch über den Stau, sie wäre so gerne zu Hause und würde sich etwas Ruhe nach diesem Tag gönnen. Sie ist gestresst, merkt aber auch, dass sie derzeit nichts ausrichten kann und nichts dafür tun kann, damit es weitergeht. Sie bleibt im Wagen sitzen und hört Musik. Nach längerer Zeit steigt sie aus, macht Dehnübungen und bewegt sich auf der Stelle. Dabei führt sie ein paar Gespräche mit den anderen Stauteilnehmern.

Am folgenden Beispiel lässt sich sehr gut der Unterschied zwischen einem resilienten und einem weniger resilienten Menschen erkennen. Resilienz heißt nicht, alles geduldig zu ertragen, sich nicht aufzuregen oder zu ärgern. Resiliente Menschen verspüren die gleichen Emotionen. Sie haben jedoch gelernt, diese zu kanalisieren, und erkennen, wann es Zeit ist zu handeln und etwas an der Situation zu verändern und wann man es einfach akzeptieren sollte.

DER RESILIENZBAUM

Im Laufe eines Lebens entwickelt sich das zarte Pflänzchen der Resilienz zu einem großen Resilienzbaum mit festen Wurzeln. Diese geben Halt, lassen uns aber nicht erstarren, die Krone und die Äste bleiben flexibel und passen sich den Gegebenheiten an. Resiliente Menschen sind vor allem geerdet. Sie wissen, was sie können, treten selbstbewusst auf, ohne arrogant zu sein. Sie kennen aber auch ihre Fehler und Schwächen und sind sich nicht zu schade, sich Hilfe zu organisieren.

Geschichte: Die kleine Eichel

Es war einmal eine kleine Eichel. Sie fiel vom Baum direkt vor die Füße eines kleinen Jungen. Er spielte mit ihr und steckte sie anschließend in seine Hosentasche. Dort vergaß der Junge sie.
Als etwas später die Mutter die Hose waschen wollte und die Taschen kontrollierte, fiel die kleine Eichel auf den Boden. Die Mutter hob sie auf und warf sie aus dem Fenster auf eine große Wiese. Dort kullerte die Eichel an den Wegesrand. Sie hatte Glück, denn keiner beachtete sie oder trat auf sie. Es kamen heftige Regenschauer, Matsch umschloss die Eichel und einige Wochen später fing sie an zu keimen. Die Wärme, das Licht und das Wasser halfen, dass sich das zarte Pflänzchen schnell entwickelte und zu wurzeln begann.
Die Zeit verstrich und aus der zarten Pflanze war ein Bäumchen geworden. Das Bäumchen konnte sich gut behaupten, denn es überstand starke Winde, Dürre und sogar einige Rehe, die an ihm nagen wollten. Seine Wurzeln gruben sich immer tiefer in den Boden, Zentimeter um Zentimeter, der Baum wuchs und wuchs und spendete bald mit seiner Krone im Sommer wohligen Schatten. Längst trug die stolze Eiche selbst Früchte, die jedes Jahr zu Boden fielen.
Unsere Eiche hatte Glück, sie konnte wachsen und bekam mit den Jahren feste Wurzeln, die sie schützten und versorgten. Welches sind unsere Wurzeln, Mensch? Was lässt uns gedeihen, was bringt uns in Gefahr, was lässt uns reifen? Wenn alles gut läuft, stehen wir irgendwann, wie die Eiche, mitten im Leben. (Sören Meng)

R – Ruhe

E – Entspannung

S – Stärke

I – Interesse

L – Leichtigkeit

I – Intelligenz

E – Empathie

N – Neugier

Z – Zufriedenheit

ÜBUNG

WAS VERSTEHE ICH UNTER RESILIENZ?

- **Resilienz hat viele Gesichter. Nehmen Sie sich ein paar Minuten Zeit und denken Sie über folgende Fragen nach:**

- **Was verstehe ich unter Resilienz?**

- **Wie verhalte ich mich, wenn ich resilient bin?**

WIE WERDE ICH RESILIENT?

> *Gewohnheiten sind anfangs dünn wie Spinnweben und später dick wie Drahtseile.*
> *(aus Spanien)*

Es ist schön, wenn Sie zu den Menschen gehören, die mit einer gehörigen Portion Resilienz ausgestattet sind. Dann können Sie sich glücklich schätzen. Falls dies nicht so ist, machen Sie sich keine Sorgen, denn wir können unsere Resilienz täglich stärken.

GENETISCHE UND ERLERNTE RESILIENZ

Die genetische Resilienz ist die einfache Variante. Sie tragen das „Gelassenheits-Gen" von Geburt an in sich und bringen Verhaltensweisen, Einstellungen, Eigenschaften mit, die Ihnen zu Besonnenheit, Ruhe, Toleranz, Geduld, Verantwortungsbewusstsein und Optimismus verhelfen. Dies ist eine Veranlagung, die manche Menschen in sich tragen und andere nicht, ähnlich wie die Augenfarbe. Für genetisch resiliente Menschen, scheint es normal zu sein, ruhig zu bleiben. Sie regen sich selten auf, können gut auf Unvorhergesehenes reagieren und lassen sich nicht so schnell aus der Bahn werfen. Freuen Sie sich darüber.

RESILIENZ TRAINIEREN

Doch leider sind wir nicht alle von Geburt damit ausgestattet. Aber wir können uns im Laufe unseres Lebens eine Resilienz-Nanoversiegelung zulegen, so einen Hauch von „unkaputtbar". Wenn Sie täglich eine Kleinigkeit dafür tun und die neuen Verhaltensweisen in Ihren Alltag integrieren, werden sich diese mit der Zeit verfestigen und Ihre Nanoversiegelung wird jeden Tag dicker und dicker. Sie werden täglich gelassener und widerstandsfähiger.

Es gibt unterschiedliche Wege, Ihre Resilienz zu trainieren. In diesem Arbeitsheft finden Sie viele Möglichkeiten und Herangehensweisen. Beginnen Sie einfach mit dem, was Sie anspricht. Es bringt Sie alles zum Ziel.

Hintergrund: Die Kinder von Kawai

Die amerikanische Psychologin Emmi Werner hat 40 Jahre lang 698 Kinder, die im Jahr 1955 auf der Insel Kawai geboren wurden, begleitet. 30 % dieser Kinder wurden unter schwierigen Lebensumständen geboren (Armut, Kriminalität, Alkohol- oder Drogensucht, Missbrauch, Gewalt). Ein Drittel dieser Gruppe entwickelte ein resilientes Verhalten. Sie hatten eine positive Lebenseinstellung, führten ein selbstbestimmtes Leben, waren gesund, gesellschaftlich integriert und hatten eine hohe Sozialkompetenz. Dies war die erste Studie zum Thema Resilienz.

ÜBUNG

WOHER KOMMT MEINE RESILIENZ?

Wie viel genetische Resilienz bringe ich mit, auf einer Skala von 0 bis 10?

0 keine — 5 — 10 viel

Wurde ich im Laufe meiner Lebensjahre resilienter?
Falls ja, woran merke ich dies?

Falls Sie dies schwer einschätzen können, helfen Ihnen folgende Fragen. Je mehr Fragen Sie mit „Ja" beantworten, desto weniger Resilienz besitzen Sie.

- Mögen Sie keine Veränderungen?
- Fahren Sie schnell aus der Haut?
- Werden Sie bei Stress schnell nervös?
- Sind Sie häufig unsicher?
- Hadern Sie häufig?
- Können Sie schwer Hilfe annehmen?

NEGATIVE GLAUBENSSÄTZE UND WAS MAN DAGEGEN TUN KANN

Die Wurzeln der Resilienz gehen in unsere Kindheit zurück. Daher ist es wichtig, auch dort mit der Arbeit zu beginnen.

Wir alle haben Glaubenssätze, nach denen wir leben. Diese sind sehr individuell und wurden durch Eltern, Familie, Pädagog:innen und unser gesamtes soziales Umfeld geprägt. Es gibt negative und positive Glaubensätze. Die negativen schränken uns ein und die positiven stärken uns.

Hier einige Beispiele für negative Glaubenssätze, die Ihre Widerstandskraft sabotieren können:

- Du schaffst das sowieso nicht!
- Du bist ein richtiger Pechvogel!
- Du hast noch nie etwas zu Ende gebracht!
- Streng dich endlich einmal an!
- Mach dir darüber keine Gedanken, das entscheidest du nicht!
- Sei immer schön nett und brav, sonst mögen dich die anderen nicht!

ÜBUNG

MEINE NEGATIVEN GLAUBENSSÄTZE

Nehmen Sie sich jeden Tag ein paar Minuten Zeit und überlegen Sie, welche Aussagen und Botschaften aus Ihrer Kindheit Sie heute noch behindern. Was geht in Ihren Gedanken vor, wenn Sie vor einer schwierigen Aufgabe stehen oder eine unangenehme Entscheidung treffen sollen?

Diese Übung braucht etwas Zeit, denn oft finden Sie im ersten Anlauf nur einen negativen Glaubenssatz. Doch wenn Sie sich über einen längeren Zeitraum mit diesem Thema beschäftigen, werden die Glaubenssätze irgendwann anfangen, an die Oberfläche zu kommen.

ÜBUNG

MEINE ERLAUBER

Haben Sie Ihre ganz persönlichen Glaubenssätze gefunden, versuchen Sie nun, diesen mit Erlaubern zu begegnen. Erlauber sind die positiven Gegenstücke zu ihren Glaubenssätzen. Überlegen Sie, was Sie zu einem Kind sagen würden, wenn es einen negativen Satz zu ihnen sagen würde.

Meine Erlauber:

Glaubenssatz: Du schaffst das sowieso nicht.
Erlauber: Ich kann alles schaffen!
Glaubensatz: Sei immer schön brav und nett.
Erlauber: Ich darf offen meine Meinung sagen, mich müssen nicht alle mögen!

Wenn Sie Ihre Erlauber gefunden haben, schreiben Sie diese auf Post-its und kleben Sie sie im Bade- oder Schafzimmer an den Spiegel oder in ihren Geldbeutel. Sie können sich auch von einer App daran erinnern lassen. Wichtig ist, dass Sie die Erlauber mehrmals täglich sehen und diese langsam in ihr Unterbewusstsein integrieren.

DIE SIEBEN SÄULEN DER RESILIENZ

Unter Resilienz versteht man nicht nur eine einzelne Fähigkeit, die man besitzt oder nicht. Sie setzt sich aus sieben unterschiedlichen Eigenschaften zusammen. Man nennt sie auch Resilienzfaktoren. Jeder dieser sieben Faktoren wird im Folgenden genauer vorgestellt.

Die 7 Resilienzfaktoren

1. Optimismus
2. Akzeptanz
3. Lösungsorientierung
4. Opferrolle verlassen
5. Verantwortung
6. Netzwerke
7. Zukunftsplanung

Stellen Sie sich diese sieben Resilienzfaktoren wie Säulen vor, diese Säulen sind Ihr Fundament. Sie geben Ihnen Halt im Leben, sie weisen Ihnen die Richtung und Sie können jederzeit darauf zurückgreifen. Sie machen Sie stark und widerstandsfähig. Sie sind ihre Wurzeln.

RESILIENZ IST INDIVIDUELL

Ihre Resilienzsäulen sind jedoch nicht alle gleich. Vielleicht ist Ihre Optimismussäule groß, die Akzeptanzsäule aber winzig klein, die Netzwerksäule dick und mächtig und die Zukunftssäule sehr dünn. Mit den Resilienzsäulen ist es wie mit uns Menschen: Sie sind so individuell entwickelt wie unsere Persönlichkeit. Hier gibt es auch keine Empfehlung, unsere Resilienzsäulen sind nun mal, wie sie sind. Es gibt kein Richtig und kein Falsch, kein Gut und kein Schlecht.

DER RESILIENZMUSKEL KANN TRAINIERT WERDEN

In diesem Arbeitsheft werden wir uns alle Säulen genau anschauen. Wir beleuchten die Eigenschaften und wie Sie die jeweilige Säule ausbauen und stärken können. Falls Sie merken, dass es Ihnen zum Beispiel an Lösungsorientierung fehlt, lassen Sie sich nicht entmutigen. Sie können an Ihrer Lösungsorientierung arbeiten. Fangen Sie einfach an und gehen Sie Schritt für Schritt vor. Setzen Sie sich bitte nicht unter Druck. Wenn Sie anfangen zu joggen, laufen Sie auch nicht gleich einen Marathon, sondern beginnen erst einmal mit einer Runde im Park.

PERFEKTION IST UTOPISCH

Verabschieden Sie sich bitte auch von dem Gedanken, dass am Ende dieses Arbeitshefts alle Ihre Resilienzsäulen voll ausgeprägt und gleich stark wären. Wichtig ist, dass unsere Resilienzsäulen uns im Gesamten ein starkes Fundament bieten. Auf diesem können wir unser Leben aufbauen. Wenn es dann an der einen Stelle wackelt, gleicht eine andere Säule dies aus. Sie halten und tragen sich gegenseitig.

ÜBUNG

MEIN RESILIENZBAROMETER

Nehmen Sie sich ein wenig Zeit und schätzen Sie ein, wie ausgeprägt Ihre Resilienzsäulen sind. Wenn Sie einen Abgleich zwischen Selbst- und Fremdbild möchten, lassen Sie sich auch von einem Menschen, der Sie gut kennt, einschätzen und vergleichen Sie die Ergebnisse.

	0 … 10
Optimismus	
Akzeptanz	
Lösungsorientierung	
Die Opferrolle verlassen	
Verantwortung übernehmen	
Netzwerkorientierung	
Zukunftsplanung	

DIE ERSTE RESILIENZSÄULE: OPTIMISMUS

Optimismus heißt nicht, dass Sie den ganzen Tag mit Dauergrinsen durch die Gegend laufen müssen, alles schönreden, immer freundlich und gut gelaunt sind, alles mit einem sanftmütigen Lächeln ertragen sollen und noch im größten Stress die Frohnatur demonstrieren. Das ist ganz sicher nicht damit gemeint.

PROBLEM? SUCHE LÖSUNG!

Mit Optimismus ein Problem zu lösen heißt, sich dem Problem zu stellen und daran zu glauben, dass es gut ausgeht. Sich bewusst zu machen, dass die Krise überwunden werden kann, sie irgendwann vorbei ist und es wieder bessere Zeiten geben wird. Optimismus ist der feste Glaube an den guten Ausgang und an seine eigenen Fähigkeiten.

Sie kennen alle den Spruch „Ist dein Glas halb voll oder halb leer?". Natürlich ist er etwas in die Jahre gekommen, doch er bringt es auf den Punkt. Mit welcher Grundeinstellung gehen wir durchs Leben? Wie nehmen wir unseren Alltag und besonders Krisen und schwierige Situationen wahr? Welche Haltung nehmen wir ein, wenn es Probleme gibt?

WAHRNEHMUNGSSACHE

Wie wir Situationen wahrnehmen, liegt an unserer Haltung und Einstellung zum Leben. Unsere Gedanken bestimmen unser Fühlen und irgendwann unsere Taten. Denken Sie an einen schönen, erfolgreichen, glücklichen Augenblick in Ihrem Leben, wird sich sofort ein Lächeln auf Ihrem Gesicht zeigen. Sie fühlen sich gut, leicht, frei, glücklich und dies wird sich auch in Ihrer Mimik, Gestik und Körpersprache zeigen. Natürlich funktioniert dies auch anders herum.

Beispiel: Die Zitrone

Schließen Sie die Augen und stellen Sie sich eine schöne, saftige, gelbe Zitrone vor. Diese schneiden Sie jetzt auf, sie ist dick und der Saft tropft beim Aufschneiden schon heraus. Jetzt nehmen Sie sich eine Scheibe und beißen kräftig hinein. Was passiert? Schon bei der Vorstellung daran werden Sie Ihr Gesicht verziehen und in Ihrem Mund beginnt der Speichel zu fließen.

Sie sehen, wie mächtig unsere Gedanken sind. Das liegt daran, dass unser Gehirn nicht zwischen realen und fiktiven Bildern unterscheidet. Durch die Bilder werden Gefühle in uns aktiviert und diese lenken unser Handeln.

Daher können Sie sich diese Eigenschaften wunderbar zunutze machen. Fokussieren Sie sich auf die positiven Dinge in Ihrem Leben, treten Sie ungewohnten Situationen offen und neugierig entgegen, bleiben Sie entspannt und glauben Sie an sich und an einen positiven Ausgang.

REFLEXION

WAS IST MEIN LEBENSMOTTO?

Wenn Sie sich diese Frage stellen, finden Sie vielleicht nicht sofort eine Antwort. Es ist auch eine ungewöhnliche Frage. Doch wir haben alle Sprüche, Aussagen, Zitate, Worte, Bilder, die uns tragen und uns in Krisen stärken.

Ein Optimist ist ein Mensch, der alles halb so schlimm und doppelt so gut findet.

(Heinz Rühmann)

Was denken Sie, wenn es schwierig wird in Ihrem Leben? Was sagen Sie zu sich selbst? Was hilft Ihnen weiter? Wenn Sie in Zukunft in einer unangenehmen Situation sind, kann Ihnen Ihr Spruch oder Ihr inneres Bild Kraft geben und Sie optimistisch stimmen.

ÜBUNG
MEIN GLÜCKSJOURNAL

Wenn Ihr Glas eher halb leer ist, können Sie Ihren Optimismus durch diese Übung fördern: Nehmen Sie sich ein kleines Notizbuch zur Hand. Das wird ab heute Ihr persönliches Glücksjournal. Nehmen Sie sich jeden Abend zehn Minuten Zeit und lassen Sie Ihren Tag Revue passieren. Was war heute schön an diesem Tag? Was haben Sie sich Gutes getan? Wo haben andere Sie positiv überrascht?

ES SIND DIE KLEINEN MOMENTE UND GESTEN

Das freundliche „Guten Morgen" in der Bäckerei. Das Lächeln eines Kindes. Ein ernst gemeintes Kompliment ... Konzentrieren Sie sich auf solche Glücksmomente und lenken Sie dadurch Ihren Fokus auf das Positive.

Anfänglich wird Ihnen diese Übung schwerfallen. Aus vielen Coachings weiß ich, dass Ihnen zunächst überwiegend negative Erlebnisse einfallen. Schieben Sie diese bewusst zur Seite und finden Sie jeden Abend mindestens eine schöne Situation. Wenn Sie diese Übung ein paar Wochen durchführen, werden Ihnen die Glücksmomente bewusst und Ihr Fokus verändert sich.

Mein Glücksjournal

Geschichte: Die Glücksbohnen

Eine alte, weise Frau verließ ihr Haus nie, ohne vorher eine Handvoll Bohnen einzustecken. Sie nahm die Bohnen mit, um so die schönen Momente des Lebens besser zählen zu können.
Für jede Kleinigkeit, die sie tagsüber erlebte – zum Beispiel einen fröhlichen Schwatz auf der Straße, ein köstlich duftendes Brot, einen Moment der Stille, das Lachen eines Menschen, eine Berührung des Herzens, einen schattigen Platz in der Mittagshitze, das Zwitschern eines Vogels – für alles, was die Sinne und das Herz erfreut, ließ sie eine Bohne von der rechten in die linke Jackentasche wandern. Manchmal waren es auch zwei oder drei Bohnen, die auf einmal die Jackentasche wechselten.
Abends saß die weise Frau zu Hause am Kamin und zählte die Glücksbohnen aus der linken Jackentasche. Sie zelebrierte diese Minuten. So führte sie sich vor Augen, wie viel Schönes ihr an diesem Tag widerfahren war, und freute sich darüber.
Sogar an den Abenden, an denen sie nur eine einzige Bohne zählte, war dieser Tag für sie ein glücklicher Tag – es hatte sich gelohnt, ihn zu leben.
(Verfasser unbekannt)

DIE ZWEITE RESILIENZSÄULE: AKZEPTANZ

> *Nehmen sie die Menschen, wie sie sind, andere gibt es nicht.*
> *(Konrad Adenauer)*

Wenn uns im Leben etwas Ungutes widerfährt, fällt es häufig nicht leicht, dies zu akzeptieren. Wir fangen an zu hadern, hinterfragen uns, unser Leben, unser Umfeld und finden es ungerecht, gemein, unfair. Uns gehen Gedanken durch den Kopf: *Warum ist dies geschehen? Weshalb passiert dies gerade mir?* Diese Gedanken sind absolut nachvollziehbar, doch häufig finden wir keine Antwort darauf. Gerade in schweren Situationen oder Krisen wie bei Krankheiten, Tod, Verlusten gibt es keinen Sinn und keine logische Erklärung dahinter. Und wenn wir etwas nicht verstehen und begreifen können, können wir es auch schlecht akzeptieren.

Akzeptanz braucht immer Zeit und ist sehr individuell. Manche Menschen akzeptieren eine Situation in ein paar Minuten und andere denken Tage oder Monate darüber nach und wollen sich nicht damit abfinden. Es ist wichtig, dass Sie sich die Zeit nehmen, die Sie brauchen, um mit der Situation klarzukommen.

Akzeptanz – was heißt das genau?

Akzeptanz heißt nicht, alles widerspruchslos anzunehmen und zu ertragen. Akzeptanz heißt zu erkennen, wofür es sich zu kämpfen lohnt und wo ich zu viel Kraft investiere und loslassen sollte. Wenn ich akzeptiere, nehme ich immer auch eine gewisse Distanz ein. Ich distanziere mich von der Situation, dem Menschen, den Dingen und kann sie so annehmen, wie sie sind. Dies schenkt mir Freiheit und die Möglichkeit, mich Neuem zuzuwenden.

Beispiel: Die Entscheidung des Trägers

Nehmen wir an, Sie werden von Ihrem Kita-Träger in eine andere Einrichtung versetzt, da dort Personalmangel herrscht. Das gefällt Ihnen nicht. Sie arbeiten in einem tollen Team, kommen gut mit den Eltern klar und können sich in Ihre Gruppe wunderbar einbringen. Was machen Sie jetzt?
Sie können sich mit der Tatsache abfinden oder tagelang darüber nachdenken und alle Hebel in Bewegung setzen, um dies zu verhindern. Es ist völlig in Ordnung, dass Sie alles versuchen, um nicht in eine andere Einrichtung versetzt zu werden. Sollte Ihnen dies jedoch nicht gelingen, akzeptieren Sie die Situation, nur so können Sie damit leben.

An diesem Beispiel sehen Sie, dass es immer wieder Momente in unserem Leben gibt, die wir nicht beeinflussen können. In diesen fühlen wir uns oft handlungsunfähig und machtlos. Deshalb ist es wichtig, dass wir uns dem Problem stellen und überlegen, was wir tun können. Wenn wir alle Möglichkeiten ausgeschöpft haben und diese zu keinem Erfolg führen, sollten wir die Situation akzeptieren. Denn wenn wir immer wieder aufs Neue mit der Situation hadern, macht uns dies auf Dauer krank. Wir hinterfragen alles, suchen vielleicht Schuldige, unser Gedankenkarussell dreht sich ständig um das Thema und so können wir nicht nach vorne schauen.

7 Tipps: Wie gelingt es mir, loszulassen?

An einer Sache führt kein Weg vorbei? Sie haben über alle möglichen Lösungen nachgedacht? Wir müssen erkennen, wann es Zeit ist, loszulassen. Mit diesen Tipps gelingt es Ihnen, Krisen und Niederlagen zu akzeptieren:

1. Sich gedanklich mit der Situation beschäftigen
2. Mit anderen Personen darüber sprechen
3. Vor- und Nachteile auflisten
4. Sich fragen: Was könnte ich daraus lernen?
5. Bewusst loslassen, Gefühle zulassen, Abschied nehmen
6. Sich neu orientieren, offen für Neues sein
7. Ein neues Ziel ins Auge fassen

REFLEXION

GEFÜHLE ZEIGEN

Wenn wir loslassen und akzeptieren, werden sich immer Gefühle zeigen. Das ist gut, denn diese Emotionen, ganz egal ob positiv oder negativ, machen uns Menschen aus. Es ist wichtig, sie zuzulassen und sich ihnen zu stellen. Beschäftigen Sie sich mit Ihren Gefühlen und geben Sie ihnen Raum.

Welches Gefühl verspüre ich?	**Wie zeigt es sich?**	**Was ist das Gute daran?**
Angst	Ich traue mich nicht, etwas zu sagen.	Ich bin vorsichtig.
Freude	Ich kann nicht schlafen und bin aufgeregt vor dem ersten Tag.	Ich bin positiv gestimmt und arbeite gerne.

ÜBUNG
LOVE IT, CHANGE IT, LEAVE IT

Diese Methode kann Ihnen dabei helfen, Entscheidungen zu treffen. Jede Entscheidung hat ihren Preis. Mit dieser Methode können Sie entscheiden, an welchem Punkt Sie aussteigen möchten und ob Sie bereit sind, den Preis zu bezahlen

Love it = akzeptieren

Love it heißt nicht, dass Sie die Krise/das Problem lieben sollen. Es heißt vielmehr, dass Sie die Situation erst mal annehmen sollen, wie sie ist. Schauen Sie sich die Sache an, sammeln Sie Erfahrung, machen Sie sich einen Eindruck davon, ändern Sie Ihre Einstellung zu der Situation und fangen Sie nicht gleich an, sich dagegen aufzulehnen.

Change it = verändern

Falls Sie nach einer gewissen Zeit merken, dass Sie die Situation nicht akzeptieren können, versuchen Sie, sie zu verändern. Sprechen Sie die Beteiligten darauf an, sagen Sie, was Sie stört, machen Sie Verbesserungsvorschläge und äußern Sie Ihre Wünsche.

Leave it = verlassen

Sollten Ihre Veränderungswünsche nicht berücksichtigt werden und Sie erreichen nichts, ist der nächste Schritt notwendig. Sie müssen die Situation oder den Menschen verlassen. Hier haben Sie zwei Möglichkeiten. Entweder Sie verlassen wirklich das Spielfeld, indem Sie kündigen, sich versetzen lassen, sich scheiden lassen, die Beziehung beenden oder Sie distanzieren sich gedanklich und lassen los.

Beispiel: Das neue Teammitglied

Stellen Sie sich vor, ab Montag kommt eine neue pädagogische Fachkraft in Ihre Gruppe. Dieser eilt schon ein schlechter Ruf voraus und Sie machen sich Gedanken, wie es weitergeht. Wenn Sie sich jetzt in das Thema hineinsteigern, ist das ganze Wochenende verdorben.

Bleiben Sie erst einmal ruhig, warten Sie ab, wie sich die pädagogische Fachkraft gibt. Beobachten Sie, wie die Zusammenarbeit läuft („Love it"). Falls Ihnen Verhaltensweisen oder Arbeitsweisen missfallen, sprechen Sie sie darauf an und erklären Sie ihr, wie sie dies ändern könnte. Sollte dies nichts helfen, informieren Sie Ihre Führungskraft und bitten Sie um Unterstützung („Change it"). Falls dies alles nicht funktioniert, ist Schritt 3 „Leave it" gefragt. Entweder Sie entscheiden, sich in eine andere Gruppe versetzen zu lassen, die Einrichtung zu wechseln, weil das Ganze sie so sehr aufregt, oder Sie entscheiden, sich nicht mehr darüber aufzuregen. Dies darf aber kein Lippenbekenntnis sein. Sie müssen die Situation akzeptieren und loslassen oder sich von der Situation distanzieren, indem Sie sich versetzen lassen.

Das ist nicht immer einfach, jede Entscheidung hat ihren Preis. Wenn Sie jedoch in der Situation verharren, werden Sie auf Dauer krank und dieser Preis ist sehr hoch.

REFLEXION

ICH ENTSCHEIDE MICH

Situation beschreiben: Was ist mein Problem?

Love it: Wie kann ich es akzeptieren?

Change it: Wie kann ich es verändern?

Leave it: Was spricht dafür, die Situation zu verlassen? Was spricht dagegen?

DIE DRITTE RESILIENZSÄULE: LÖSUNGSORIENTIERUNG

Lösungsorientierung ist ein geflügeltes Wort in Kitas und pädagogischen Einrichtungen. Natürlich will niemand von uns problemorientiert sein, doch wenn uns die Krise trifft, ist es hilfreich, sich erst einmal mit dem Problem zu beschäftigen.

Wir sollten das Problem erkennen, es analysieren, von allen Seiten beleuchten und dann nach sinnvollen Lösungen suchen. Lösungsorientierung heißt, die Aufmerksamkeit auf die Lösung zu richten, weg vom Problem zu kommen.

Viele Unternehmen suchen erst einmal die Schuldigen oder die Verursacher des Problems und auch im Privaten tun wir dies häufig: *Hätte A dies nicht getan, hätten wir das Problem nicht oder Hätte B keinen Fehler gemacht, müsste ich jetzt nicht* … Hand aufs Herz – ist dies zielführend? Nein, natürlich nicht. Es nützt überhaupt nichts, einen Schuldigen zu finden und diesen dann zu „bestrafen". Wir müssen uns anschauen, warum etwas passiert ist, mit den Betroffenen darüber sprechen und dann gemeinsam einen Ausweg finden.

ETABLIEREN SIE EINE FEHLERKULTUR

In unserer Gesellschaft sind Probleme und Fehler immer noch negativ behaftet. Wir wollen alles richtig und perfekt machen, kontrollieren unser Tun, um uns nur keine Blöße zu geben. Und wenn dann doch ein Fehler passiert, ärgern wir uns oder schämen uns sogar dafür.

Die neue Generation der Start-ups zeigt uns, dass es auch anders geht. Sie sehen Fehler als etwas Positives, probieren aus, fordern Feedback ein, lernen und verändern. Nur wer etwas macht, kann auch etwas falsch machen. Ihnen ist das Ausprobieren und Experimentieren wichtiger als Perfektion.

SIE HABEN ES IN DER HAND

Daran können wir uns ein Beispiel nehmen. Es ist wichtig, die alten Glaubenssätze von Richtig oder Falsch, Gut oder Schlecht zur Seite zu schieben und einfach etwas auszuprobieren. Die Lösung muss nicht perfekt sein. Wir müssen uns nur vom Problem wegbewegen. Dies gibt ein gutes Gefühl und wir merken, dass wir etwas tun können und der Situation nicht ausgeliefert sind. Es ist wichtig, offen und neugierig zu sein, sich keine Gedankenschranken aufzuerlegen und ins Handeln zu kommen.

Lösungen finden sich nicht immer sofort. Suchen Sie Kontakt zu anderen Menschen, sprechen Sie über das Problem, machen Sie ein Brainstorming. Seien Sie offen für alles, auch für die verrücktesten Sachen. Seien Sie mutig und verändern Sie Ihren Blickwinkel.

> *Die Neugier steht immer an erster Stelle eines Problems, das gelöst werden will.*
> *(Galileo Galilei)*

Der Weg vom Problem zur Lösung

1. Das Problem beim Namen nennen, es analysieren
2. Lösungsmöglichkeiten suchen und aufschreiben
3. Vor- und Nachteile der Lösungen erörtern
4. Lösungen sortieren und eine verfolgen
5. Ins Handeln kommen, ausprobieren

REFLEXION

WIE REAGIERE ICH IN KRISEN?

Stellen Sie sich folgende Situation vor: Sie haben am Mittwoch einen freien Nachmittag und wollen sich mit einer Freundin treffen. Das ist das Highlight der Woche, denn die letzten Wochen in der Kita waren extrem anstrengend. Wegen eines hohen Krankenstands mussten Sie viele Überstunden machen. Daher haben Sie sich die Freizeit mehr als verdient und freuen sich schon sehr. Kurz vor Feierabend ruft die Kollegin der Spätschicht bei Ihnen an und sagt Ihnen, dass Sie die Bahn verpasst hat und Sie nicht pünktlich ablösen kann. Sie ist erst 90 Minuten später in der Einrichtung als geplant. Was tun Sie?

Taucht ein Problem auf, reagieren wir sehr unterschiedlich darauf. Es gibt 4 Reaktionstypen.

Die Anpackenden

Sie packen das Problem beim Schopf, gehen es an, ohne lange darüber nachzudenken, und sind es gewohnt, in Lösungen zu denken. Wenn ein Problem auftritt, beschäftigen sie sich nicht lange damit, sondern versuchen, es sofort zu lösen. Meist haben sie sogar einige Lösungsmöglichkeiten im Kopf. Sie lassen sich wenig Zeit und sind ungeduldig und merken manchmal erst zu spät, dass die Lösung nicht optimal war.

Die Verdrängenden

Wenn Probleme auftreten, ignorieren sie diese so lange wie möglich. Ganz nach dem Motto: *Bemerke ich das Problem nicht, löst es sich vielleicht in Luft auf.* Sie tun einfach so, als ob es das Problem nicht gäbe, und wundern sich, wenn es plötzlich kracht. Sie wissen genau, dass es nichts bringt, das Problem zu ignorieren, haben aber nicht den Mut oder die Kraft, es anzugehen. Ihnen erscheint es einfacher, die Sache auszusitzen.

Die Fluchtergreifenden

Sobald Probleme auftreten, nehmen sie die Beine in die Hand und rennen. Im Alltag tun sie alles Mögliche, um sich nicht mit dem aufgetretenen Problem beschäftigen zu müssen. Sie werden ganz kreativ und ihnen fallen tausend andere Sachen ein. Dadurch müssen sie dem Problem nicht ins Auge sehen und können es für eine bestimmte Zeit zur Seite schieben.

Die Hadernden

Wenn Probleme auftreten, sind die Haderer tief getroffen. Sie denken viel darüber nach und hinterfragen ständig: *Warum passiert das mir? Was bin ich für ein Unglücksrabe? Ich habe immer nur Pech im Leben.* Sie können sich schwer damit abfinden, dass das Problem da ist, können keine Lösungen finden, da sie ständig damit beschäftigt sind, darüber nachzudenken, warum es sie getroffen hat. Sie fühlen sich häufig als Opfer der Umstände.

Wie reagiere ich?

Erkennen Sie sich in der einen oder anderen Verhaltensweise wieder? Keine davon ist nur gut oder nur schlecht, sie haben alle ihre Berechtigung. Doch wenn Sie Probleme wirklich lösen möchten, ist es wichtig, sie strukturiert anzugehen und zu handeln. Die meisten Probleme lösen sich nicht von alleine.

1. Wie reagiere ich auf Probleme?

- ☐ Ich packe an.
- ☐ Ich verdränge sie ganz gerne.
- ☐ Ich ergreife die Flucht.
- ☐ Ich hadere mit dem Problem und mir.

2. Wie zeigt sich dies? Was tue ich konkret?

3. Was könnte ich stattdessen tun?

ÜBUNG

EIN PROBLEM – DREI LÖSUNGEN

Wenn es Ihnen schwerfällt, Lösungen zu finden, da Sie zu sehr im Problem gefangen sind, können Sie Ihre Lösungsorientierung trainieren. Fangen Sie klein an, Ihr Gehirn ist noch nicht darin geübt, in Lösungen zu denken: Finden Sie drei Lösungen für ein kleines Problem. Starten Sie wirklich mit einem kleinen Problem zum Üben – die großen kommen von alleine.

Problem: Sie haben vergessen, Brot fürs Frühstück zu kaufen.

Lösungen:

1. Ich esse Cornflakes.
2. Ich mache mir einen Smoothie.
3. Ich fahre zum Bäcker.

Jetzt können Sie entscheiden, welche Lösung Ihnen am besten gefällt, und aktiv werden. Wenn Sie dies täglich üben, wird Ihr Gehirn selbst bei dem größten Problem Lösungen finden.

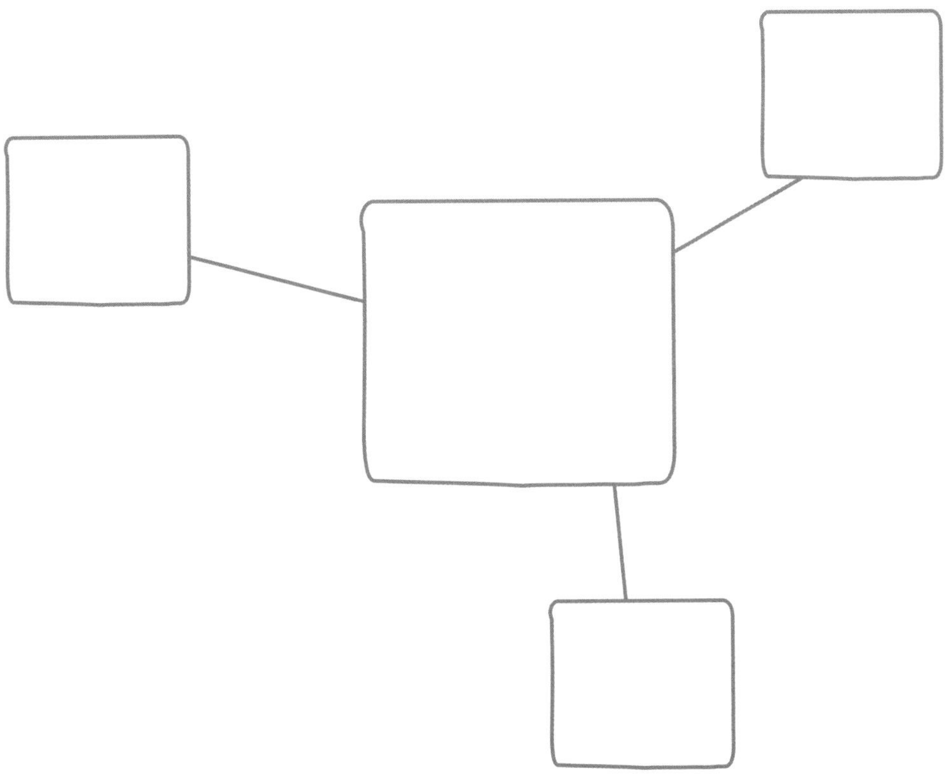

DIE VIERTE RESILIENZSÄULE: OPFERROLLE VERLASSEN

> *Ein Mensch ist immer Opfer seiner Wahrheiten.*
> *(Albert Camus)*

Niemand möchte gerne ein Opfer sein und doch begeben wir uns immer wieder in die Opferrolle. Wir lernen schon als kleine Kinder, dass das alles ein bisschen einfacher macht: *Das war ich nicht. Ich habe gar nichts gemacht. Die anderen sind schuld.* Auch wenn wir erwachsen sind, nutzen wir diese Aussagen immer noch, denn die Opferrolle hat einen Vorteil. Sie ist sehr bequem. Wir müssen keine Verantwortung für unser Handeln übernehmen. Wir können alles auf die anderen schieben: auf den bösen Chef, die nervige Kollegin, die anstrengenden Eltern, die ahnungslose Regierung, die sinnlosen Gesetze …

ES SICH IN DER OPFERROLLE BEQUEM MACHEN

Die Sammlung könnte noch ewig so weitergehen, wir finden immer jemanden, der schuld ist. Wir können uns dabei entspannt zurücklehnen, meckern und motzen, Tipps geben und Lösungen vorschlagen – nur umsetzen müssen wir nichts davon, wir sind ja nicht schuld.

In der Opferrolle können wir jahrelang gut leben. Wir finden täglich Situationen, über die wir uns aufregen können und die man besser machen könnte. Irgendwann verinnerlichen wir diese negative Haltung so sehr, dass wir uns wirklich als Opfer fühlen. Wir werden zum Spielball der anderen und verharren in dieser Rolle. Es geht uns schlecht damit, wir denken, dass die anderen alles besser machen, fühlen uns abhängig, lassen uns von den äußeren Umständen leiten und sehen nur noch das Negative.

Beispiel: Das Wetter

Nehmen wir einmal an, Sie haben am Mittwoch mit Ihrer Gruppe einen Waldtag geplant, und jetzt ist für die gesamte Woche Regen angesagt. Wenn Sie sich in der Opferrolle befinden, werden Sie Aussagen treffen wie: *Dieses blöde Wetter, immer regnet es, wenn wir etwas vorhaben. Das gibt es doch nicht. Jetzt sitzen wir den ganzen Tag in der Einrichtung. Das nervt mich, ich habe den Tag so schön organisiert.*

Diese Aussagen treffen vielleicht zu, doch regnet es dadurch nicht weniger. Auch ohne Opferrolle wären Sie sicherlich enttäuscht über das Wetter. Doch Sie würden anders agieren. Sie kämen vielleicht auf die Idee, mit wetterfester Kleidung in den Wald zu gehen oder spontan einen kleinen Parcours in der Turnhalle aufzubauen.

DIE OPFERROLLE LÄHMT UNS UND HÄLT UNS GEFANGEN

Kleinigkeiten werfen uns aus der Bahn und Krisen bestätigen uns, dass genau das eintrifft, was wir uns ausgemalt haben: *Es musste ja so kommen, das habe ich mir schon gedacht.* Wir werden dann antriebslos, harren nur noch aus und warten auf das, was kommt. Wir reagieren, statt zu agieren.

Jeder Mensch hat hin und wieder einen Tag, an dem er sich in der Opferrolle befindet. An diesen Tagen sind wir morgens schon schlecht drauf, wir fühlen uns nicht gut, haben den Eindruck, alles hat sich gegen uns verschworen und wir sind negativ gestimmt und übellaunig. Das ist völlig in Ordnung, das darf auch mal sein. Wichtig ist nur, dass diese Haltung kein Dauerzustand in unserem Leben wird.

Hier hilft es, bei uns selbst zu bleiben. Die anderen werden wir nicht ändern. Wir können nur bei uns anfangen und uns auf unsere Stärken konzentrieren. Wenn wir über einen längeren Zeitraum in der Opferrolle waren, sind uns die Stärken gar nicht mehr bewusst. Der erste Schritt aus der Opferrolle beginnt mit Aktivität.

REFLEXION

ICH UND DIE OPFERROLLE?

Wie häufig nehme ich die Opferrolle ein?

0	5	10
selten	hin und wieder	häufig

Woran merke ich, dass ich in der Opferrolle bin?

Was hält mich in dieser Rolle?

Was könnte ich tun, um aktiv zu werden?

REFLEXION

ICH UND MEINE STÄRKEN

Um die Opferrolle zu verlassen, brauchen Sie Selbstvertrauen. Sie sollten sich und Ihre Stärken und Schwächen kennen. So wissen Sie, was Sie können, und können aktiv werden. Bitte setzen Sie sich nicht unter Druck, wenn Ihnen nicht sofort Stärken einfallen. Wenn Sie sich selten damit beschäftigen, ist dies nicht gerade einfach. Legen Sie einfach los, der Rest findet sich. Sollte Ihr inneres Opfer gerade aktiv sein, wird es Sie sabotieren: *Das bringt doch eh nichts. Was kann ich schon. Wie soll mir das helfen.* Ignorieren Sie diese innere Stimme einfach und fangen Sie an!

Schreiben Sie in die Person Ihren Namen, das sind Sie mit all Ihren Stärken. Nehmen Sie sich Zeit und schreiben Sie rund um den Körper alles, was Sie gut können. Folgende Fragen können Ihnen helfen:

- Was kann ich gut?
- Worauf bin ich stolz?
- Was geht mir leicht von der Hand?
- Wofür schätzen andere mich?
- Was macht mir Freude?

ÜBUNG
STÄRKEN-FEEDBACK

Es gibt Tage, da vertrauen wir uns selbst nicht. Dies merken wir besonders häufig, wenn es um die eigene Person und ihre Fähigkeiten geht. Deshalb dürfen Sie sich gerne weitere Meinungen einholen. Fragen Sie Menschen, denen Sie vertrauen, was diese an Ihnen schätzen, und gleichen Sie die Antworten mit Ihren Stärken ab.

Im besten Fall erhalten Sie jede Menge Übereinstimmungen. Dies wird Sie in Ihrer persönlichen Wahrnehmung bestätigen. Es ist auch möglich, dass Sie Eigenschaften von sich erfahren, die Sie bisher noch nie an sich gesehen haben.

Bitten Sie Menschen, denen Sie vertrauen, Ihnen schriftlich folgende Frage zu beantworten: *Was schätzt du an mir?*

Nehmen Sie sich Zeit und schauen Sie sich die Antworten in Ruhe an. Vergleichen Sie Ihre Auflistung mit den Antworten. Gibt es Überraschungen? Freuen Sie sich? Sind Punkte unverständlich? Falls ja, scheuen Sie sich nicht, bei Ihrem Feedback-Geber nachzufragen. Sie haben jetzt einen schönen Abgleich zwischen Eigen- und Fremdbild. Überlegen Sie nun, wie Sie Ihre Stärken im Alltag einsetzen können.

Wie kann ich meine Stärken nutzen?

DIE FÜNFTE RESILIENZSÄULE: VERANTWORTUNG

> *Wir sind nicht nur verantwortlich für das, was wir tun, sondern auch für das, was wir nicht tun. (Moliere)*

Sobald wir die Opferrolle verlassen, übernehmen wir Verantwortung für uns und unsere Handlungen. Verantwortung übernehmen heißt:

- auf mich achten
- meine Bedürfnisse wahrnehmen
- mich einbringen
- für meine Fehler geradestehen
- nach Misserfolgen etwas verändern
- auf meine Mitmenschen achten
- mich schützen

Jetzt denken Sie vielleicht: *Klar übernehme ich Verantwortung in meinem Leben.* Doch ist das immer so oder schieben Sie die Verantwortung und die Verantwortlichkeit auch gerne mal auf andere?

Wenn wir in eine Lebenskrise geraten und Resilienz gefordert ist, kommen wir schnell an den Punkt, dass wir den Schuldigen suchen. Wir beginnen zu hadern und alles zu hinterfragen (siehe Kapitel *Lösungsorientierung* und *Opferrolle verlassen*). Dieses Verhalten ist absolut nachvollziehbar. Wenn wir in eine schwierige Situation geraten, fällt es uns leichter, damit umzugehen, wenn wir jemandem die Verantwortung dafür in die Schuhe schieben können.

Beispiel: Die Kündigung

Stellen Sie sich vor, der Träger Ihrer Einrichtung kündigt Ihnen.
Im ersten Moment hilft es, über die Vorgesetzen, die Einrichtung und das Team zu schimpfen und zu meckern. Dann ist man erst einmal beschäftigt und muss sich nicht mit dem Problem auseinandersetzen. Doch das ist nicht zielführend. Sie dürfen sich ärgern, aufregen, trauern, doch irgendwann ist der Punkt gekommen, an dem Sie aktiv werden sollten.

In dem Beispiel der Kündigung heißt Verantwortung übernehmen, sich damit zu beschäftigten, wie es weitergeht.

- Was will ich künftig machen?
- Was muss ich dafür tun?
- Wer kann mich dabei unterstützen?

Nach diesen Überlegungen fangen Sie an. Nutzen Sie Ihre Kontakte, lesen Sie Stellenanzeigen, schreiben Sie Bewerbungen. Lassen Sie sich durch kleine Stolpersteine nicht aufhalten.

Denn gerade das zeichnet Menschen aus, die Verantwortung übernehmen. Wenn Sie einen neuen Weg einschlagen, wird dieser nicht geradeaus verlaufen. Es wird immer wieder Dinge geben, die Sie aufhalten oder stoppen. Hier sollten Sie sich vielleicht Unterstützung organisieren, doch bleiben Sie nicht stehen, sondern gehen Sie weiter!

WILLKOMMEN IM EIGENTLICHLAND

Die Coachin Sabine Asgodom hat in einem Vortrag einmal von einem Land erzählt, indem wir gerne leben – das Eigentlichland. In diesem Land gibt es Städte namens *Sport, Ernährung, Familie, Ordnung* ... Wenn wir uns in diesem Land befinden, sagen wir Sätze wie: Eigentlich würde ich gerne Sport treiben, aber dafür fehlt mir einfach die Zeit. *Eigentlich würde ich gerne mehr Zeit mit meiner Familie verbringen, aber ich muss so viel arbeiten.*

Das Bild macht deutlich, dass wir keine Verantwortung übernehmen, wenn wir im Eigentlichland leben. Wir setzen keine Prioritäten, unser Schweinehund sabotiert uns und wir lassen uns bereitwillig von unseren Zielen abhalten. Wir finden kreative Ausreden oder reden es uns schön.

Der Hintergrund, warum wir keine Verantwortung übernehmen, ist häufig, dass wir keinen Sinn darin sehen. Nur wenn sich uns der Sinn und der Nutzen erschließen, empfinden wir Freude und sind motiviert. Wir tun etwas gerne und brennen auch dafür.

REFLEXION

DRÜCKE ICH MICH?

Jeder Mensch hat in seinem Leben Bereiche, für die er nicht gerne Verantwortung übernimmt. Vielleicht gehört etwas nicht zu unseren Stärken oder wir sehen keinen Sinn darin. Dann fällt es verständlicherweise schwer, sich einzubringen. Es ist aber auch möglich, dass wir uns vor der Verantwortung drücken, weil sie Mehrarbeit bedeuten würde. Schauen Sie doch mal etwas genauer hin.

In welchen Bereichen meines Lebens übernehme ich keine Verantwortung?

Welche Ausreden nutze ich?

Was hindert mich wirklich daran?

ÜBUNG

ICH ÜBERNEHME VERANTWORTUNG

Sie haben nun herausgefunden, warum es Ihnen manchmal schwerfällt, Verantwortung zu übernehmen. Jetzt geht es los. Finden Sie für sich Felder, in denen Sie sich ausprobieren können. Machen Sie bitte kleine Schritte und übernehmen Sie nicht gleich zu viel Verantwortung, das frustriert eher.

Wofür übernehme ich künftig Verantwortung?	Was muss ich dafür tun?	Wer kann mich unterstützen?	Was sind die ersten Schritte?	Bis wann erledige ich das?

DIE SECHSTE RESILIENZSÄULE: NETZWERKE

"*Die Freunde, die man um vier Uhr morgens anrufen kann, die zählen.*
(Marlene Dietrich)"

Eine wichtige Säule in Lebenskrisen und schwierigen Situationen ist das soziale Umfeld. Es ist wichtig, Menschen um sich zu haben, die für einen da sind, zuhören und unterstützen. Das trägt uns, wenn es uns nicht gut geht.

Solche Momente kennen wir nur zu gut. Es reicht schon, einen schlechten Tag in der Kita zu haben. Die Leitung war heute nicht gut drauf und hat ihre schlechte Laune an Ihnen ausgelassen. Verständlicherweise nervt Sie das. Da tut es gut, wenn Sie zu Hause mit jemand darüber reden können, wenn Sie Dampf ablassen können.

QUALITÄT VOR QUANTITÄT

Dies müssen nicht viele Menschen sein. Bei einem soliden Netzwerk kommt es nicht auf die Quantität, sondern auf die Qualität an. Es ist nicht wichtig, ein riesiges Netzwerk zu haben. Viel wertvoller ist es, Menschen um sich zu haben, auf die Sie sich verlassen können, die hinter Ihnen stehen und die Sie so akzeptieren, wie Sie sind.

Ein Netzwerk aufzubauen braucht Zeit, deshalb können wir damit auch nicht erst in der Krise beginnen. Wir müssen vorher damit anfangen und es regelmäßig pflegen. Ein stabiles Netzwerk ist ausgewogen. Es zeichnet sich durch Vertrauen, Akzeptanz, Wertschätzung und Fairness aus. *Geben und nehmen* heißt: Jeder hört dem anderen zu, man hilft sich gegenseitig und lädt nicht nur einseitig Probleme ab. Austausch bedeutet, Positives wie Negatives auszutauschen. Das macht stabile Beziehungen aus – in jeder Hinsicht.

SIE SIND KEINE LAST

Oft fällt es uns nicht leicht, um Unterstützung zu bitten und Hilfe anzunehmen. Wenn wir es gewohnt sind, eigenständig zu sein und plötzlich auf andere angewiesen sind, ist dies kein einfacher Schritt. Wir wollen keinem zur Last fallen, uns nicht aufdrängen und keine unnötige Arbeit verursachen. Diese Denkweise ist schlichtweg falsch. Wenn ein Freund Sie um Hilfe bitten würde, würden Sie diese auch gerne geben.

IMPULSE VON AUßEN VERÄNDERN DIE PERSPEKTIVE

Gerade in Krisen brauchen wir Menschen, denen wir vertrauen und denen wir uns öffnen. Durch sie bekommen wir Feedback und dadurch die Möglichkeit zur Reflexion. Manchmal ist es hilfreich, auch eine Rückmeldung zu erhalten, die einem vielleicht auf den ersten Blick nicht gefällt, einen aber doch weiter bringt.

Daher kann ich Sie nur ermutigen, sich in guten Zeiten ein solides Netzwerk aufzubauen und es zu pflegen. Es gibt viele Bereiche in unserem Leben, in denen wir auf Menschen treffen, mit denen wir uns auf Anhieb gut verstehen und die unser Leben bereichern. Diese Menschen müssen wir nicht unbedingt täglich sehen.

Beispiel: Netzwerk

Sie waren letztes Jahr auf einer Weiterbildung und haben sich gut mit einer pädagogischen Fachkraft aus einer anderen Einrichtung verstanden. Sie waren auf einer Wellenlänge, hatten den gleichen Humor und waren nach dem Seminar noch ein Glas Wein trinken. Die pädagogische Fachkraft wohnt 250 Kilometer entfernt von Ihnen, Sie halten sporadisch Kontakt.
In Ihrer Gruppe ist ein Kind seit ein paar Wochen verhaltensauffällig. Sie kümmern sich intensiv um das Kind, stoßen aber an Ihre Grenzen. Sie wissen, dass Ihre Kollegin Expertin auf diesem Gebiet ist. Rufen Sie sie an, tauschen Sie sich aus und holen Sie sich Rat ein. So funktioniert ein gutes Netzwerk.

REFLEXION

WIE SIEHT MEIN NETZWERK AUS?

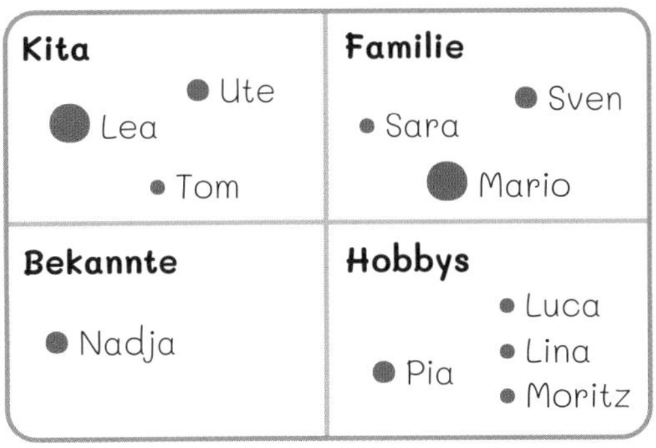

Denken Sie darüber nach, wer bzw. was alles zu Ihrem Netzwerk gehört.

Als Beispiel sind hier die Oberbegriffe Kita, Familie, Bekannte, Hobbys gewählt. Diese können Sie beliebig verändern. Sie könnten auch *Nachbarn* oder *Sportverein* als Oberbegriffe nutzen. Passen Sie die Felder Ihren Lebensumständen an.

Überlegen Sie nun, wer im jeweiligen Feld zu Ihrem Netzwerk gehört, und machen Sie einen Punkt mit dem Namen der Person in das jeweilige Feld. Wer würde Sie unterstützen? Auf wen können Sie sich verlassen? Gewichten Sie dies durch die Größe der Punkte und ordnen Sie so Ihr Umfeld ein. Dadurch erkennen Sie, wie umfangreich und stabil Ihr Netzwerk ist.

MEIN NETZWERK

ÜBUNG

MEIN NETZWERK BEWUSST NUTZEN

Sie haben sich durch die Reflexion einen Überblick über Ihr Netzwerk verschafft. Jetzt ist es Zeit zu überlegen, ob Sie alles so belassen können oder etwas verändern möchten. Es könnte auch sein, dass es Menschen in Ihrem Umfeld gibt, die Ihnen mehr Kraft rauben, als sie Ihnen geben. Energieräuber tun einfach nicht gut. Sollten Sie einige Energieräuber in Ihrem Leben haben, wird es Zeit, Abschied zu nehmen.

Wie bewerte ich mein Netzwerk?

- ☐ Ich habe ein gutes Netzwerk
- ☐ In einigen Bereichen ist es ausbaubar
- ☐ Es ist ganz okay
- ☐ Mein Netzwerk ist wenig tragfähig
- ☐ Ich sollte meine Kontakte besser pflegen
- ☐ Ich habe zu viele Energieräuber

Wie kann ich mein Netzwerk erweitern?

Zu wem möchte ich intensiver Kontakt halten?

Was tue ich konkret dafür?

Wer sind meine Energieräuber?

Warum kosten sie mich Kraft?

DIE SIEBTE RESILIENZSÄULE: ZUKUNFTSPLANUNG

Die Zukunft sollte man nicht voraussehen wollen, sondern möglich machen.
(Antoine de Saint-Exupery)

Wir versuchen gerne, uns durch Planung und Kontrolle vor den Wechselfällen des Lebens zu schützen. Das ist leider nur bedingt möglich: *Sobald ich meine Ausbildung zur pädagogischen Fachkraft absolviert habe, arbeitet ich vier Jahre in meinem Beruf, mache in dieser Zeit Weiterbildungen A, B und C und möchte mit 27 Jahren Leiter:in einer Einrichtung sein. Danach möchte ich eine Familie gründen …*

Wir wissen alle, dass es selten so läuft. Spätestens wenn wir glauben, alles geplant und unter Kontrolle zu haben, funkt uns das Leben dazwischen und überrascht uns mit einer Veränderung.

Trotzdem ist es wichtig, zu wissen, wo wir hin möchten und was wir von unserem Leben erwarten, was wir tun möchten oder niemals tun wurden. Über diese Fragen sollten wir uns Gedanken machen. Dahinter stecken nämlich unsere Prägungen. Im Laufe unseres Lebens sammeln wir Erfahrungen, aufgrund dieser Erfahrungen treffen wir unsere Entscheidungen.

Beispiel: Das Sabbatjahr

Sie arbeiten in einer kleinen Einrichtung, verstehen sich alle gut und sind ein tolles Team. Sie haben ein Sabbatjahr beantragt, das auch vom Träger genehmigt wurde, und Sie freuen sich schon sehr darauf. In dieser Zeit haben Sie viele schöne Dinge geplant. Zwei Monate vor Beginn Ihres Sabbatjahres erkrankt eine Kollegin schwer, sie fällt mindestens für sechs Monate aus. Somit würden in der Einrichtung zwei pädagogische Fachkräfte fehlen. Was würden Sie tun?

Diese Entscheidung wird nicht einfach werden. Verschieben Sie den Beginn Ihres Sabbatjahres um ein paar Wochen? Suchen Sie Ersatz für die erkrankte Kollegin? Nehmen Sie Ihre Auszeit wie geplant? Jeder Mensch wird anders entscheiden und das ist völlig in Ordnung. Bitte lassen Sie sich in Ihrer Entscheidung nicht zu sehr von Ihrem Umfeld beeinflussen. Oft denken wir: *Was erwarten die anderen von mir?* Wir treffen Entscheidungen, die die Weichen für unsere Zukunft stellen, diese müssen für uns stimmig sein. Es ist unser Leben.

Beim oben genannten Beispiel gibt es kein Richtig oder Falsch. Diese Entscheidung ist individuell und wird aufgrund von Erfahrungen getroffen, die wir schon in der Kindheit gemacht haben und weitere, die uns im Lauf unseres Lebens gefestigt oder verändert haben. Sie müssen erkennen, wie sich die Entscheidung für Sie anfühlt, Vor- und Nachteile abwägen. Vertrauen Sie in schwierigen Lebenslagen Ihrem „Bauchgefühl" – einem Gefühl aus Intuition und Erfahrung.

UNSERE PRÄGUNGEN WIRKEN WIE LEITPLANKEN IN UNSEREM LEBEN

Unsere Prägungen weisen uns die Richtung und geben den Rahmen vor, in dem wir leben und uns wohlfühlen. Sie zeigen uns auch durch ungute Gefühle, wenn wir falsche Entscheidungen treffen. Daher sollten wir unsere Lebensziele hin und wieder überprüfen. Wenn wir in einer Sackgasse gelandet sind, ist Veränderung angesagt. Da hilft es wenig, an dem eigentlichen Ziel festzuhalten und immer weiterzumachen. So verschwenden wir nur unnötig Energie. In diesen Momenten sollten wir innehalten, die Situation analysieren und uns dann ganz bewusst entscheiden, einen anderen Weg zum Ziel einzuschlagen oder loszulassen.

Es ist keine Schande, das ursprüngliche Ziel zu verändern oder es sogar zu streichen. Warum sollten wir daran festhalten, wenn es nicht mehr zu unserem Leben, zu unseren Wünschen und Bedürfnissen passt?

REFLEXION

WAS IST MIR WICHTIG?

Hinter allem, was Sie mögen oder auch nicht mögen, stecken Ihre Prägungen. Wenn ich Sie jetzt fragen würde, welche Prägungen Sie haben, wäre diese Frage schwer zu beantworten. Darüber machen wir uns selten Gedanken, sie sind einfach da. Doch es lohnt sich, einmal über unsere Prägungen nachzudenken.

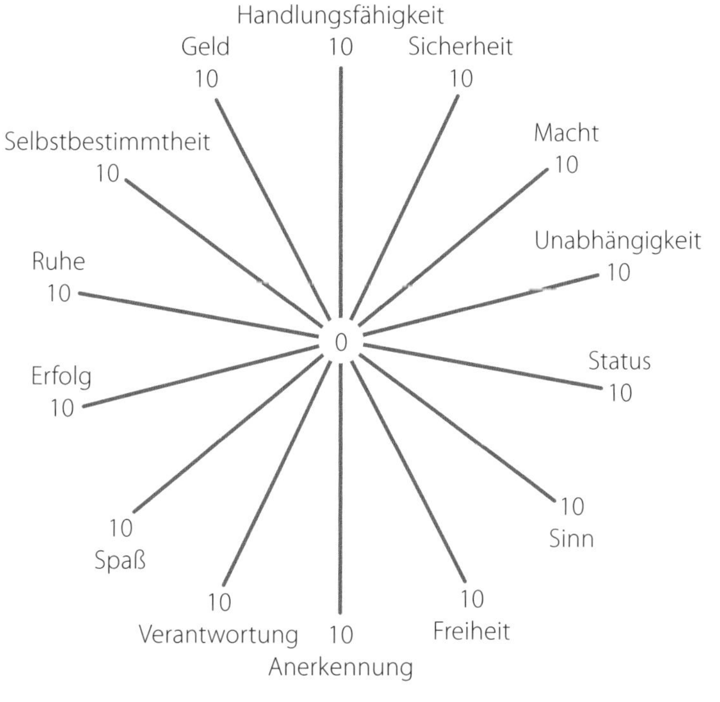

Hier sehen Sie ein Netz mit unterschiedlichen Prägungen. Natürlich gibt es mehr Prägungen, dies ist nur eine kleine Auswahl. Ihre Aufgabe ist es nun, zu überlegen, wie wichtig Ihnen die einzelnen Punkte in Ihrem Leben sind.

Nehmen Sie sich einen roten Stift und zeichnen Sie den Ist-Zustand ein: Schauen Sie sich z. B. den Punkt „Ruhe" an. Wie viel Ruhe haben Sie derzeit in Ihrem Leben? Machen Sie nun einen roten Punkt auf die Linie. So gehen Sie nach und nach alle Werte durch. Danach verbinden Sie die Punkte und erhalten ein Prägungsnetz.

Jetzt markieren Sie mit einem grünen Stift den Punkt auf der Linie, an dem Sie gerne wären, den Soll-Zustand. Würden Sie gerne mehr, weniger Ruhe haben oder passt es so?

Auch diese Punkte verbinden Sie wieder. Sie erkennen nun sehr schön, in welchen Bereichen Ihr Ist- und Ihr Soll-Zustand voneinander abweichen.

ÜBUNG

MEIN LEBENSWEG

Nachdem Sie erkannt haben, dass Sie etwas verändern möchten, sollten Sie ins Handeln kommen. Mit dieser Übung können Sie gezielt an bestimmten Bereichen arbeiten.

Was kann ich konkret tun, um z. B. ruhiger zu werden?

Was kann ich tun, um weniger Ruhe und mehr Aktivität zu bekommen?

Welche drei Dinge werde ich in den nächsten vier Wochen tun, um ruhiger bzw. aktiver zu werden?

Woran werde ich merken, ob ich ruhiger oder aktiver bin als heute?

Wenn Ihr Lebensweg für Sie stimmig ist, können Sie ihn visualisieren. Malen Sie ein Bild oder gestalten Sie eine Foto-Collage mit allem, was Ihnen im Leben wichtig ist. Hängen Sie dies gut sichtbar für sich auf oder speichern Sie es als Bildschirmschoner auf Ihrem Handy. So sehen Sie täglich Ihren Lebensweg und können abgleichen, ob Sie noch auf dem richtigen Weg sind.

ZEIT, BILANZ ZU ZIEHEN

Für Wunder muss man beten, für Veränderungen aber arbeiten.
(Thomas von Aquin)

In zahlreichen Studien wurde erforscht, warum manche Menschen resilienter sind als andere. Es gibt zwei Merkmale, die diese Menschen auszeichnen. Zum einen ist ihre Selbstwirksamkeit sehr ausgeprägt. Doch was heißt das genau?

Selbstwirksamkeit – Definition

Unter Selbstwirksamkeit versteht man den Glauben an sich selbst und an seine eigenen Kenntnisse und Fähigkeiten. Selbstwirksamkeit bedeutet auch, dass man überzeugt davon ist, mit seinen Kompetenzen etwas bewirken zu können.
Kurz gesagt, ist Selbstwirksamkeit die bewusste Wahrnehmung der eigenen Wirkung und das Wissen über die persönlichen Kompetenzen.

Die Grundlagen unserer Selbstwirksamkeit werden schon sehr früh gelegt: Wenn ein Baby in der Wiege liegt und schreit, erfährt es Beachtung oder Missachtung. Entweder wird ihm Aufmerksamkeit geschenkt, seine Bedürfnisse werden befriedigt oder es merkt, dass es durch sein Schreien nichts bewirkt. So spürt es, was es bewirken kann. Im Laufe des Lebens entwickelt sich dies natürlich weiter. Kinder lernen täglich Neues, probieren sich aus, lassen sich durch Niederlagen nicht aufhalten und versuchen es immer wieder. Deshalb ist es so wichtig, ihnen die Möglichkeit zu geben, ihre eigenen Erfahrungen zu machen.

Auf diesen Erfahrungen gründet unsere Selbstwirksamkeit. Wir sind stolz, wenn uns etwas gelingt, freuen uns über ein Lob, lernen durch Kritik und Scheitern. Dadurch können wir uns einschätzen und wissen, dass wir handlungsfähig sind. Wir können uns selbst helfen und finden Lösungen für Probleme. Dies ist die Grundlage der Selbstwirksamkeit. Daraus entwickelt sich unser Selbstbewusstsein.

Selbstbewusstsein – Definition

Selbstbewusstsein heißt sich seiner selbst bewusst zu sein. Es bedeutet, sich mit seiner Persönlichkeit und seiner eigenen Geschichte auseinanderzusetzen und sich so zu akzeptieren, wie man ist. Sich selbst gut zu kennen, zu wissen, wie man wann reagiert und warum. Es bedeutet auch wahrzunehmen, wie es einem geht, sich zu reflektieren und zu akzeptieren.

SELBSTBEWUSSTSEIN DRÜCKT SICH AUF DEN ERSTEN BLICK IN DER KÖRPERSPRACHE AUS

Wie trete ich auf? Wie verhalte ich mich anderen gegenüber? Lasse ich den Kopf hängen und kippe die Schultern nach innen, weil ich unsicher bin? Stehe ich gerade, aufrecht und sehe den Menschen in die Augen? Unser Körper ist unserem Geist immer einen Schritt voraus. Wenn wir unsicher sind, strahlt unser Körper dies aus. Genauso strahlt er aber auch aus, wenn wir uns wohl fühlen, keine Angst haben und mit uns im Reinen sind.

Selbstbewusstsein hat nichts mit Arroganz zu tun. Arrogante Menschen stellen sich über andere. Sie machen ihr Gegenüber klein, damit sie selbst größer wirken oder sich besser fühlen. Das haben selbstbewusste Menschen nicht nötig. Sie kennen sich mit allen Stärken und Schwächen und akzeptieren auch ihr Umfeld so, wie es ist.

BLEIBEN SIE SICH TREU

Wichtig ist, dass man sich selbst so akzeptiert, wie man ist, seine Fehler erkennt und sich seiner Stärken bewusst ist. Sie brauchen sich nicht zu verbiegen. Sie sind ein Individuum. Das macht Sie zu dem Menschen, der Sie sind, dem Menschen, den andere schätzen. Deshalb seien Sie selbstbewusst und nicht so streng mit sich selbst.

REFLEXION

IHR RESILIENZBAROMETER

Sie arbeiten seit einiger Zeit mit diesem Arbeitsheft. Im Kapitel „Die sieben Säulen der Resilienz" haben Sie Ihr persönliches Resilienzbarometer entworfen. Jetzt ist es Zeit, Bilanz zu ziehen. Schauen Sie sich Ihr Barometer noch einmal an.
Nutzen Sie die Chance und schauen Sie, was sich in den letzten Wochen und Monaten verändert hat. Füllen Sie das Barometer heute noch einmal aus und machen Sie Ihren Fortschritt sichtbar!

	0 – 10
Optimismus	
Akzeptanz	
Lösungs-orientierung	
Die Opferrolle verlassen	
Verantwortung übernehmen	
Netzwerk-orientierung	
Zukunfts-planung	

Achtung: Es müssen nicht alle Resilienzsäulen auf der Skala 10 stehen. Ich habe noch keinen Menschen kennengelernt, bei dem alle Säulen gleich stark und voll ausgeprägt wären. Das würde an ein Wunder grenzen. Das Resilienzbarometer soll Ihnen einen Überblick geben und Sie nicht unter Druck setzen.

ÜBUNG

VORHER – NACHHER

- Sie haben jetzt den direkten Vergleich. Sie sehen, in welchen Bereichen Sie sich weiterentwickelt haben, was weniger wurde oder was sie losließen. Schauen Sie hier noch einmal genauer hin.

- Was hat sich verändert?

- Worauf bin ich stolz?

- Wo will ich hin?

- Was werde ich dafür tun?

WAS ZEICHNET RESILIENTE MENSCHEN AUS?

> *Erfahrung ist nicht das, was einem zustößt. Erfahrung ist das, was man aus dem macht, was einem zustößt. (Aldous Huxley)*

Beispiel: Die Renovierung

Ihre Einrichtung wurde monatelang umgebaut. Dies war eine sehr anstrengende Zeit für das Team und die Kinder. Viel Unruhe, Baulärm, Schmutz, Unfallgefahren. Doch die renovierte Kita ist wunderschön geworden und Sie wollen dies mit einem Sommerfest feiern. Sie haben sich sehr für das Sommerfest engagiert. Sie planen eine kleine Aufführung mit den Kindern, alles ist toll dekoriert, Essen und Getränke stehen bereit und alle freuen sich auf das Fest. Zwei Stunden vor Beginn merken sie, dass die Getränke warm sind. Wie das? Im ganzen Gebäude ist der Strom ausgefallen. Die Aufführung kann ohne Musik nicht stattfinden, die Speisen sehen nicht mehr ganz so frisch aus und warme Getränke möchte auch kein Mensch – das Sommerfest droht zu platzen. Wie würden Sie reagieren?

Im ersten Schritt sind wahrscheinlich alle geschockt, doch nach kurzer Zeit werden die resilienten Menschen handeln:

- Sie bleiben optimistisch und glauben daran, dass das Fest stattfinden kann.
- Sie ärgern sich zwar, aber sie akzeptieren, dass ein Stromausfall nicht planbar war und es jetzt keinen Sinn macht, zu hadern.
- Sie suchen sofort nach Lösungen, damit das Sommerfest stattfinden kann.
- Sie begeben sich nicht in die Opferrolle. Sie werden nicht jammern und meckern, sondern handeln.
- Sie übernehmen Verantwortung, verteilen Aufgaben und packen selbst kräftig mit an.
- Sie nutzen Ihr Netzwerk und rufen vielleicht den befreundeten Elektriker an.
- Sie werden sich für die Zukunft einen Plan B überlegen, damit dies nicht mehr vorkommt.

Diese Handlungsfähigkeit unterscheidet resiliente Menschen von weniger resilienten Menschen. Sie sehen, Resilienz ist keine große Sache. Sie setzt sich wie ein Puzzle aus vielen kleinen Teilen zusammen. Wenn diese passen und sich ergänzen, ergibt sich ein Bild. Sie können sich Resilienz wie einen Baum vorstellen.

VERHALTEN (BAUMKRONE)

Die Krone des Baumes spiegelt Ihr Verhalten wider. Was zeigen Sie der Außenwelt, was geben Sie über sich preis? Wie verhalten Sie sich anderen Menschen gegenüber? Sind Sie entspannt, hektisch, gelassen, flexibel, ehrlich, ordentlich, kreativ, chaotisch, kollegial, zuverlässig? Wie die Äste und Blätter eines Baumes ist auch Ihr Verhalten am ehesten sichtbar. Vorgesetze, Eltern, Teammitglieder und auch die Kinder werden an Ihrem Verhalten erkennen, ob es Ihnen gut geht oder ob Sie einen schlechten Tag haben.

PERSÖNLICHKEIT (STAMM)

Der Stamm ist Ihre Persönlichkeit. Diese kann wie bei einem Baum ganz unterschiedlich sein. Manche Stämme sind klein und zart, andere sind dick und stämmig oder alt und verholzt. Die Rinde schützt den Baum vor Witterung, vor Ungeziefer und hilft, dass das Innere stärker wird. Auch unsere „Rinde" wird mit der Zeit immer robuster. Sie schützt uns und hilft, dass manches an uns abperlt.

Jeder Stamm ist eine Besonderheit und auf seine ganz eigene Weise wunderschön. So haben auch wir unsere Stärken und Schwächen, diese machen uns aus. Wenn Sie resilient sind, sind sie authentisch. Sie versuchen sich nicht zu verstellen und zu verbiegen. Sie stehen zu dem, was Sie können, und zu Ihren Fehlern und Schwächen.

HALTUNG (WURZELN)

Die Wurzeln der Resilienz sind Optimismus, Akzeptanz, Lösungsorientierung, Opferrolle verlassen, Verantwortung, Netzwerk, Zukunft. Sie geben Ihnen Halt und Sicherheit im Sturm des Lebens. Sie lassen Sie flexibel bleiben. Wenn Sie gute Wurzeln haben, die richtige Haltung besitzen, können Sie den Unabwägbarkeiten in Ihrem Leben trotzen. Unsere Basis gibt uns Kraft, dort finden wir zur Ruhe, können auftanken und uns fallen lassen.

ÜBUNG

RESSOURCEN SICHTBAR MACHEN

Wie sind Sie in den Bereichen Haltung, Persönlichkeit und Verhalten aufgestellt? Ist Ihr Resilienzbaum noch ein zartes Pflänzchen? Hat er schon gut gewurzelt? Steht er stabil im Sturm? Lässt er seine Blätter fallen? Biegen sich seine Äste unter der Last?

1. Was gibt mir Halt?

Überlegen Sie, was Ihnen im Leben Halt gibt, und schreiben Sie dies an die Wurzeln des Baumes.

2. Was macht mich aus?

Was zeichnet Sie als Menschen aus? Worauf sind Sie stolz? Was schätzen Sie an sich? Welche Schwächen haben Sie? Schreiben Sie alles an den Stamm des Baumes.

3. Wie verhalte ich mich?

Schreiben Sie die Antworten auf diese Frage in die Krone des Baumes.

Sie haben nun Ihren ganz persönlichen Resilienzbaum gestaltet und können in schwierigen Situationen auf ihn zurückgreifen. Durch ihn können Sie sich in Erinnerung rufen, was Sie alles können und leisten. Sie identifizieren so Ihre Ressourcen. In Krisen sind diese nicht immer abrufbar. Durch Ihren Resilienzbaum haben Sie sie sofort im Blick.

NOTFALLPROGRAMM IN KRISEN

Sie sind nun gut in Sachen Resilienz gerüstet und trotzdem gelingt es Ihnen nicht immer, ruhig und gelassen zu bleiben? Sobald unerwartete Situationen in unserem Leben auftreten, fallen wir kurzzeitig in einen Schockzustand. Wir sind gelähmt, müssen uns erst mal sortieren und können dann erst reagieren.

Beispiel: Wütende Eltern

Ein sonniger Herbsttag in der Kita, die Kinder spielen im Außengelände und haben Spaß. Plötzlich stürmt die Mutter von Swenja in den Garten und schreit Sie an: „Swenja hatte letzte Woche eine Mittelohrentzündung. Warum trägt sie keine Mütze?" Sie bleiben ruhig, erklären ihr, dass es zu warm für eine Mütze ist und Swenja mit dieser schwitzt. Die Mutter wird ungehalten: „Sie haben ja keine Ahnung, sie sind total unfähig und außerdem sind Sie dafür verantwortlich, wenn mein Kind krank wird. Sie vernachlässigen Ihre Fürsorgepflicht. Ich werde mich bei der Leitung über Sie beschweren."

In solchen Momenten fällt es schwer, ruhig zu bleiben. Sie werden persönlich angegriffen und beschimpft. Das lässt niemand kalt. Doch es hilft auch nicht, zum Gegenangriff auszuholen. Bleiben Sie ruhig, sagen Sie der Mutter von Swenja, dass Sie sich auf dieser Ebene nicht mit ihr austauschen und beenden Sie das Gespräch fürs Erste. Swenjas Mutter hat klare Grenzen überschritten. Besinnen Sie sich auf Ihre Professionalität und gehen Sie aus diesem Gespräch heraus. Wenn die Mutter sich nicht beruhigen sollte, bitten Sie jemanden aus dem Team um Hilfe.

IN SITUATIONEN, DIE UNS STRESSEN, REAGIERT DER KÖRPER GANZ MECHANISCH

Der Körper wittert Gefahr, schüttet Hormone aus, die Atmung wird schneller, das Herz pumpt mehr Blut. Er rüstet sich also für einen Angriff oder Kampf. Diese Programmierung stammt noch aus der Urzeit und ist sehr hilfreich. Wir aktivieren unsere Kräfte, um schnell weglaufen zu können oder uns zu verteidigen. Einen kühlen Kopf bewahren wir in diesen Situationen jedoch selten.

ATMEN SIE DURCH

Deshalb nehmen Sie sich am besten etwas Zeit, um kurz zur Ruhe zu kommen, bevor Sie handeln. Damit Ihnen dies leichter gelingt, finden Sie hier einen gut gefüllten Notfallkoffer. Nehmen Sie sich das aus dem Koffer, was Sie anspricht und was Ihnen gut tut. So unterschiedlich wie wir Menschen sind auch diese Übungen. Manche werden Ihnen sofort gefallen und Sie herunterkommen lassen und andere wiederum werden Sie ablehnen. Das ist völlig in Ordnung. Nehmen Sie sich das heraus, was für Sie passt und Ihnen weiterhilft.

DIE ATMUNG
UNSERE KRAFTQUELLE

Es heißt nicht umsonst *Dampf ablassen*. Die richtigen Atemtechniken helfen uns dabei, den Schock oder den Ärger loszulassen und zur Ruhe zu kommen. Durch gezielte Atmung verlangsamt sich unser Herzschlag, der Puls beruhigt sich und wir können wieder klarer denken. Wir können auf unterschiedliche Arten atmen.

Daher lautet die erste Regel, wenn es brenzlig wird: erst einmal einen Schritt zurücktreten und atmen. Dies können Sie wörtlich nehmen und den Raum verlassen oder sich gedanklich distanzieren, schweigen und atmen.

Bauch und Brustatmung – Definition

Man unterscheidet zwischen Bauchatmung und Brustatmung. Bei der Bauchatmung wolbt und senkt sich der Bauchraum. Das Einatmen erfolgt durch das Zwerchfell. Die Bauchatmung ist entspannend und beruhigt.
Bei der Brustatmung hebt und senkt sich der Brustkorb. Das Einatmen erfolgt durch das Anheben der Rippen. Bei der Brustatmung kommt viel Sauerstoff in den Körper. Sie ist hilfreich in Notsituationen.
Ein optimales Zusammenspiel von Bauch- und Brustatmung nennt man Vollatmung. Dann ist unser Atmen kraftvoll und entspannt.

Übung:

Ärger ausatmen

Stellen Sie sich aufrecht hin und atmen Sie tief in den Bauch. Halten Sie kurz die Luft an und atmen Sie dann in zehn Atemstößen aus, bis die ganze Luft aus Ihrem Bauch entweicht. Anfänglich wird Ihr Atem vielleicht schon nach dreimal Ausatmen erschöpft sein. Mit jedem Atemzug lassen Sie ein wenig Luft und ein wenig von Ihrem Ärger ausströmen.

Übung:

Nasenatmung

Setzen Sie sich bequem hin. Halten Sie mit dem Daumen Ihrer rechten Hand Ihr rechtes Nasenloch zu. Atmen Sie durch das linke Nasenloch ein. Halten Sie jetzt mit Ihrem rechten Zeigefinger Ihr linkes Nasenloch zu. Atmen Sie durch das rechte Nasenloch aus. Atmen Sie lange und tief ein und aus und konzentrieren Sie sich ganz auf Ihren Atmen und den Wechsel der Finger. Nach zwei Minuten merken Sie, wie Sie ruhig werden.

Übung:

4-6-8-Atmung

Stellen Sie sich aufrecht hin, die Schultern sind gerade und legen Sie Ihre Hand auf Ihren Bauch. Atmen Sie nun durch die Nase ein. Ihr Brustkorb sollte sich dabei nicht heben, nur Ihr Bauch. Wenn das funktioniert atmen Sie langsam durch die Nase ein und zählen dabei bis **vier**. Halten Sie nun die Luft an und zählen Sie bis **sechs**. Atmen Sie langsam durch den Mund aus und zählen Sie bis **acht**.

Übung:

Die Wut wegatmen

Unterbrechen Sie Ihre Gedanken mit einem klaren STOPP! Konzentrieren Sie sich ganz auf Ihren Atem. Atmen Sie tief durch die Nase ein und durch den Mund aus. Wiederholen Sie diese Atmung fünfmal langsam und bewusst.

Achten Sie danach auf das Gefühl in Ihren Füßen, wenn diese den Boden berühren. Es ist egal, ob Sie dabei sitzen, stehen oder gehen. Was empfinden Sie? Spüren Sie die Erdung?

Jetzt konzentrieren Sie sich gleichzeitig auf Ihre Atmung **und** auf die Erdung Ihrer Füße. Dadurch werden Sie nicht mehr in der Lage sein, Ihren negativen Gedanken zu folgen. Die Konzentration auf zwei Körpergefühle stoppt das Gedankenkarussell.

DER KÖRPER
UNSER STRESSINDIKATOR

Wenn wir angespannt sind, verspannt sich auch unser Körper. Nicht umsonst sitzt uns etwas im Nacken, geht uns auf die Nerven, liegt uns im Magen oder geht uns an die Nieren.

HÖREN SIE AUF IHREN KÖRPER

Meist sendet unser Körper schon früh Warnsignale, wenn wir unter Dauerstress stehen oder uns in einer Krise befinden. Er will uns durch Kopf-, Bauch-, Nacken- oder Rückenschmerzen, Appetitlosigkeit, Migräne, Verspannungen oder Müdigkeit darauf aufmerksam machen, dass die derzeitige Situation uns schadet. Leider ignorieren wir diese Anzeichen häufig.

In schwierigen Situationen ist es deshalb besonders wichtig, auf sich zu achten, seine eigenen Bedürfnisse wahrzunehmen und gut für sich zu sorgen. Vernachlässigen Sie sich selbst nicht. Nur wenn es Ihnen gut geht, sind Sie leistungsstark, können für andere da sein und Ihre inneren Kräfte mobilisieren.

Machen Sie Dinge, die Ihnen gut tun, ernähren Sie sich gesund, bewegen Sie sich ausreichend, gehen Sie in die Natur und lassen Sie Ihre Gedanken schweifen. Sobald es irgendwo drückt oder zwickt, beobachten Sie es und reagieren Sie – zum Beispiel mit einer der folgenden Übungen.

Übung:

Wirbelsäule strecken

Setzen Sie sich auf einen Stuhl und verschränken Sie die Hände ineinander. Atmen Sie tief ein und bewegen Sie Ihre verschränken Hände über Ihren Kopf, so weit wie möglich nach hinten. Atmen Sie langsam aus und bleiben Sie vier Atemzüge lang in dieser Position. Bewegen Sie Ihre Arme nun wieder nach unten und atmen Sie dabei lange und tief aus.

Übung:

Schultern entspannen

Stellen Sie sich aufrecht hin und lassen Sie die Arme hängen. Ziehen Sie nun im Wechsel die linke und die rechte Schulter bis zum Ohr hoch und lassen Sie sie dann wieder fallen.
Machen Sie diese Übung etwa zwei Minuten. Sie entspannt die Schulter und lockert Verspannungen im Schulter-Nacken-Bereich.

Übung:

Nacken lockern

Setzen Sie sich auf einen Stuhl, beide Füße fest am Boden, Hände auf den Knien. Augen schließen, Schultern und Kopf gerade halten und ganz bewusst tief ein- und ausatmen. Tun Sie das etwa eine Minute lang und denken Sie dran, wie sich alle Ihre Körperteile in diesem Moment entspannen. Atmen Sie danach ganz tief ein und bewegen Sie parallel dazu den Kopf in den Nacken. So weit, wie es Ihnen angenehm ist. Atmen Sie langsam aus und bewegen Sie Ihren Kopf zur Brust hin. Wiederholen Sie diese Übung, solange sie Ihnen gut tut.

Übung:

Augen entlasten

Auch die Augen brauchen hin und wieder mal Entspannung, sie sind den ganzen Tag aktiv. Setzen Sie sich an einen ruhigen Platz mit Blick in die Natur und lassen Sie Ihren Blick in die Ferne schweifen. Versuchen Sie nur einen Punkt in der Ferne zu fokussieren. Lassen Sie sich nicht ablenken. Irgendwann verschwimmt Ihr Blick und die Augen entspannen sich.

DER GEIST
UNSERE SCHALTZENTRALE

Nicht nur unser Körper zeigt uns deutlich, wenn es zu anstrengend für uns wird. Auch unser Geist macht uns darauf aufmerksam. Wir werden unkonzentriert und fahrig, können uns nichts mehr merken oder versäumen Termine. Das alles sind kleine Anzeichen einer Überlastung.

Wenn es besonders viel wird, werden wir nachts wach, meist in den frühen Morgenstunden, und unser Gedankenkarussell beginnt sich zu drehen. Uns fallen die skurrilsten Sachen ein, wir malen uns Schreckensszenarien aus und können nicht mehr einschlafen. Am Morgen sind wir so gerädert, dass es uns schwerfällt, den Tag durchzustehen. Und auch tagsüber stellt uns unser Geist immer wieder Fallen.

Nachdem sie den Streit hinter sich gelassen haben, ist er für die meisten Menschen noch lange nicht zu Ende. Oft geht es jetzt erst richtig los. In unserem Inneren beginnt ein Dialog: *Die Kollegin versteht nicht, was ich meine, ist das so schwer? Ich hätte nicht so hart zu ihr sein dürfen. Sie könnte sich aber auch mal ein wenig bemühen. Das hat bestimmt Auswirkungen auf unsere Zusammenarbeit.*

Man könnte meinen, Engelchen und Teufelchen sitzen auf unseren Schultern und streiten weiter. Solche inneren Dialoge können wir stundenlang führen. Sie führen zu keinem Ergebnis, verunsichern uns nur noch mehr und stressen uns enorm. Deshalb ist es wichtig, sie schnellstmöglich zu beenden.

Beispiel: Der Streit

Sie hatten heute Morgen in der Kita Streit mit einer Kollegin. Es ging um die Ausführung der Portfolios. Sie selbst arbeiten sehr ordentlich und genau, Ihre Kollegin ist kreativ, aber auch etwas unzuverlässig. Die unterschiedliche Arbeitsweise hat zu heftigen Diskussionen geführt. Sie konnten keine gemeinsame Lösung finden.

Übung:

Gedankenkarussell stoppen

Atmen Sie bewusst zehnmal tief durch die Nase ein und durch den Mund aus. Konzentrieren Sie sich ganz auf Ihren Atem. Denken Sie beim Einatmen ein Wort und beim Ausatmen ein anderes Wort: lass – los, bleib – ruhig, schlaf – ein, entspann – dich.

Übung:

Kräfte aktivieren

Beginnen Sie den Morgen mit etwas Schönem, das Ihre Kräfte aktiviert. Das kann ganz unterschiedlich sein. Für die eine ist es die leckere Tasse Kaffee oder das Lesen der Morgenzeitung, für den anderen ist es die entspannte Dusche, der Frühsport am Morgen oder der gemütliche Spaziergang zur Arbeit. Tun Sie das, was Ihnen gut tut, was Sie aktiviert und motiviert.

Übung:

Lachen tut gut

Diese Übung hilft Ihnen, Ihre Stimmung aufzuhellen, wenn Sie bedrückt sind: Stellen Sie sich vor einen Spiegel und lächeln Sie. Ziehen Sie Ihre Mundwinkel weit nach oben, mindestens 60 Sekunden lang. Im ersten Moment wirkt dieses Lächeln verkrampft und Sie fühlen sich vielleicht unwohl. Doch nach kurzer Zeit beginnt Ihr Körper zu glauben, dass Sie wirklich lächeln. Die Jochbeinmuskeln werden aktiviert, die Nerven an den Mundwinkeln werden stimuliert und der Körper schüttet Endorphine aus. Sie gaukeln Ihrem Körper gute Laune vor und merken, wie sich Ihre Stimmung hebt. Das funktioniert wirklich, testen Sie es mal.

Übung:

Den Stress abschütteln

Nehmen Sie Ihren Stress bewusst wahr. Halten Sie inne und denken Sie an das, was Sie belastet. Schütteln Sie Ihren Körper kräftig durch und dadurch Stress, Ärger und Wut aus ihm heraus. Fangen Sie mit den Armen an, zuerst der linke, dann der rechte, dann beide gleichzeitig. Dann schütteln Sie Ihr linkes Bein und anschließend das rechte. Danach den ganzen Körper, Bauch, Schultern, Kopf schütteln. Spüren Sie, wie der Stress Stück für Stück aus Ihrem Körper entweicht.

NACHWORT: GECHILLT IHR ZIEL ERREICHEN

Der Langsamste, der sein Ziel nicht aus den Augen verliert, geht noch immer geschwinder als jener, der ohne Ziel umherirrt. (Gotthold Ephraim Lessing)

Sie haben dieses Arbeitsheft vielleicht mit dem Ziel gekauft, gelassener zu werden, Ihre innere Widerstandsfähigkeit zu stärken oder in Krisen souveräner zu reagieren.

Ganz egal, ob Sie Ihr Ziel schon erreicht haben oder noch nicht, Sie haben die ersten Schritte getan.

ES GEHT IM LEBEN IMMER UMS AUFBRECHEN

Aufbruch ist eine innere Haltung, denn wir müssen dafür bereit sein, eine Änderung zuzulassen. Sie haben Herausforderungen für sich persönlich erkannt, sie wollen Veränderung. Mit dieser Einsicht allein haben Sie schon viel bewegt. Und sie wird Sie, wenn Sie es zulassen, weiter in Bewegung bringen. Wenn Sie sich bewegen, sich verändern, verändern sich auch Ihre Haltung und Ihr Umfeld.

Wichtig ist, dass Sie sich und Ihr Verhalten reflektieren, dass Sie achtsam mit sich umgehen, sich selbst vertrauen und auch Geduld mit sich haben. Wichtig ist aus meiner Sicht auch, dass Sie in sich einen Raum der Gelassenheit spüren. Diesen Raum spüren Sie dann, wenn Sie mit sich im Reinen sind und Sie dort niemand stören kann. Dieses Bewusstsein hilft Ihnen, souverän und gesund durch stürmische Zeiten zu kommen.

Seien Sie nicht ungeduldig, wenn Sie nicht alles geschafft haben. Ich habe noch keinen Menschen kennengelernt, bei dem alle Säulen der Resilienz gleich stark ausgeprägt wären. Auch Sie werden Bereiche haben, die Ihnen sehr leicht fallen und die Sie ohne Mühe in Ihr Leben integrieren konnten. Andere wiederum gelingen Ihnen nicht so gut. Sie kosten Sie viel Kraft und Sie müssen sich täglich an die neuen Verhaltensweisen erinnern.

Doch das ist nicht schlimm. Seien Sie stolz auf das, was Sie bisher geleistet haben. Schauen Sie sich Ihren persönlichen Resilienzbaum an und führen Sie sich vor Augen, welchen Weg Sie schon gegangen sind. Ihr Weg ist noch lange nicht zu Ende und das ist auch gut so. Veränderung bedeutet nicht ankommen und Stillstand, sondern stetiges Wachstum und Entwicklung.

Lassen Sie sich nicht entmutigen, wenn es mal schlechtere Tage gibt und Sie in Krisen nicht souverän reagieren. Wir müssen nicht perfekt sein, es gehört dazu, Fehler zu machen und Erfahrungen zu sammeln. Hier hilft es, wenn Sie sich die Situation im Nachgang anschauen und sich und das Erlebte hinterfragen: Was hat mich daran gehindert, resilient zu sein? Was könnte ich beim nächsten Mal anders machen?

RÜCKSCHLÄGE HELFEN UNS IMMER WEITER

Sie haben die Möglichkeit, täglich in kleinen und großen Krisen Erfahrung zu sammeln und Ihre Resilienz Stück für Stück auszubauen. Ihre innere Widerstandsfähigkeit wächst und wird mit jedem Tag größer. Nehmen Sie jede schwierige Situation als Herausforderung an und trainieren Sie so Ihren Resilienzmuskel – in kleinen Schritten. Wenn Sie untrainiert sind, gehen Sie auch nicht ins Fitnessstudio und trainieren gleich mit einer 10-Kilo-Hantel. Sie fangen klein an und steigern sich wöchentlich.

Das gilt auch für Ihre Resilienz: Auch für Ihr Resilienzmuskel-Training müssen Sie nicht sofort Ihre Komfortzone verlassen. Gehen Sie jeden Tag einen Schritt über Ihre Komfortzone hinaus, so kommen Sie Ihrem Ziel näher. Dr. Ann Masten hat dies schön in einem Zitat beschrieben: „Die größte Überraschung an der Resilienz ist das Gewöhnliche. Die Fähigkeit zu denken, zu lachen, zu hoffen, zu handeln. Um Hilfe zu bitten, sie anzunehmen und dem Leben einen Sinn zu geben. Nur leider ist das Gewöhnliche eben oft nicht einfach."

Sie sehen, es ist keine große Sache, es ist nicht der Zaubertrank von Obelix. Es sind die vielen kleinen Dinge des Alltags, die uns zu einem resilienten Mensch machen. Mit der richtigen Haltung gegenüber anderen Menschen und uns selbst sowie einer gehörigen Portion Mut und Humor werden Sie der Zukunft gelassen entgegenschauen. Es findet sich immer ein Weg. Vielleicht müssen Sie dafür gewohnte Pfade verlassen, sich von lieb gewordenen Dingen oder Personen trennen, doch es wird sich lohnen. Ihr neuer Weg wird die ein oder andere Überraschung für Sie bereit halten.